ध्रुवस्वामिनी और लहर

ध्रुवस्वामिनी और लहर

जयशंकर प्रसाद

ISBN: 978-93-90112-96-8

Published: -

© 2020
LECTOR HOUSE LLP

LECTOR HOUSE LLP
E-MAIL: lectorpublishing@gmail.com

ध्रुवस्वामिनी और लहर

जयशंकर प्रसाद

अनुक्रम

ध्रुवस्वामिनी

सूचना

विशाखदत्त-द्वारा रचित 'देवीचन्द्रगुप्त' नाटक के कुछ अंश 'श्रृंगार-प्रकाश' और 'नाट्य-दर्पण' से सन् 1923 की ऐतिहासिक पत्रिकाओं में उद्‌धृत हुए। तब चन्द्रगुप्त द्वितीय विक्रमादित्य के जीवन के सम्बन्ध में जो नयी बातें प्रकाश में आयीं, उनसे इतिहास के विद्वानों में अच्छी हलचल मच गयी। शास्त्रीय मनोवत्ति वालों को, चन्द्रगुप्त के साथ ध्रुवस्वामिनी का पुनर्लग्न असम्भव, विलक्षण और कुरुचिपूर्ण मालूम हुआ। यहाँ तक कि आठवीं शताब्दी के संजात ताम्रपत्र -

हत्वा भ्रातरंमेव राज्यमहरद्देवीं स दीनस्तथा।
लक्षं कोटिमलेखयन् किल किलौ दाता सगुप्तान्वयः॥

के पाठ में संदेह किया जाने लगा :

किन्तु जिस ऐतिहासिक घटना का वर्णन करते हुए सातवीं शताब्दी में बाणभट्ट ने लिखा है -

अरिपुरे च परकलत्रकामुकं कामिनीवेश-श्चन्द्रगुप्तां शतपतिमशातयत्।

और ग्यारहवीं शताब्दी में राजशेखर ने भी लिखा है-

दत्वारुद्धगतिं खसाधिपतये देवीं ध्रुवस्वामिनीम्।
यस्मात् खंडित-साहसो निवतृते श्रीरामगुप्तोनपः॥

वह घटना केवल जनश्रुति कहकर नहीं उड़ायी जा सकती।

विशाखदत्त को तो श्री जायसवाल ने चन्द्रगुप्त की सभा का राजकवि और उसके 'देवी चन्द्रगुप्त' को जीवन चित्रण नाटक भी माना है। यह प्रश्न अवश्य ही कुछ कुतूहल से भरा हुआ है कि विशाखदत्त ने अपने दोनों नाटकों का नायक चन्द्रगुप्त-नामधारी व्यक्ति को ही क्यों बनाया। परन्तु श्रीतैलंग ने तो विशाखदत्त को सातवीं शताब्दी के अवन्तिवर्मा का आश्रित कवि माना है। क्योंकि 'मुद्राराक्षस' की किसी प्राचीन प्रति में उन्हें मुद्राराक्षस के भरत वाक्य 'पार्थिवश्चन्द्रगुप्त' के स्थान पर 'प्रार्थिवोऽवन्तिवर्मा' भी मिला। विशाखदत्त के आलोचक लोग उसे एक प्रामाणिक ऐतिहासिक नाटककार मानते हैं। उसके लिखे हुए नाटक में इतिहास का अंश कुछ न हो, ऐसा तो नहीं माना जा सकता। राखालसाद बनर्जी, प्रोफेसर अल्वेकर और जायसवाल इत्यादि ने अन्य प्रामाणिक आधार मिलने के कारण ध्रुवस्वामिनी और चन्द्रगुप्त के पुनर्लग्न को ऐतिहासिक तथ्य मान लिया है। यह कहना कि रामगुप्त नाम का कोई राजा गुप्तों की वंशावली में नहीं मिलता और न ही किसी अभिलेख में उसका वर्णन आया है, कोई अर्थ नहीं रखता। समुद्रगुप्त के शासन का उल्लंघन करके, कुछ दिनों तक साम्राज्य में उत्पात मचाकर जो राजनीति के क्षेत्र में अन्तर्धान हो गया हो, उसका अभिलेख वंशावली में न मिले तो कोई आश्चर्य नहीं। हाँ, भण्डारकरजी तो कहते हैं कि उसके लघु-काल-व्यापी शासन का सूचक सिक्का भी चला था। 'काँच' के नाम से प्रसिद्ध जो गुप्त सिक्के मिलते हैं वे रामगुप्त के ही हैं। राम के स्थान पर भ्रम से काच पढ़ा जा रहा था। इसलिए बाणभट्ट की वर्णित घटना अर्थात् स्त्रीवेश धारण करके चन्द्रगुप्त का पर-कलह-कामुक शकराज को मारना और ध्रुवस्वामिनी का पुनर्विवाह इत्यादि के ऐतिहासिक सत्य होने में सन्देह नहीं रह गया है। और मुझे तो इसका स्वयं चन्द्रगुप्त की ओर से एक प्रमाण मिलता है। चन्द्रगुप्त के कुछ सिक्कों पर 'रूपकृति' शब्द का उल्लेख है। रूप

और आकृति को जॉन एलन् ने खींच-तानकर जो शारीरिक और आध्यात्मिक अर्थ किया है, वह व्यर्थ है। रूपकृति विरुद का उल्लेख करके चन्द्रगुप्त अपने उस साहसिक कार्य की स्वीकृति देता है जो ध्रुवस्वामिनी की रक्षा के लिए उसने रूप बदलकर किया है, और जिसका पिछले काल के लेखकों ने भी समय-समय पर समर्थन किया है।

विशाखदत्त के 'देवीचन्द्रगुप्त' नाटक का जितना अंश प्रकाश में आया है, उसे देखकर अबुलहसन अली की बर्कमारिस वाली कथा का मिलान करके कई ऐतिहासिक विद्वानों ने शास्त्रीय दृष्टिकोण रखने वाले आलोचकों को उत्तर देते हुए ध्रुवदेवी के पुनर्लग्न को ऐतिहासिक तथ्य तो मान लिया है, किन्तु भण्डारकरजी ने पराशर और नारद की स्मृतियों से काल की सामाजिक व्यवस्था में पुनर्लग्न होने का प्रमाण भी दिया है। शास्त्रों में अनुकूल और प्रतिकूल दोनों तरह की बातें मिल सकती हैं, परन्तु जिस प्रथा के लिए विधि और निषेध दोनों तरह की सूचनाएं मिलें, तो इतिहास की दृष्टि से वह उस काल में सम्भाव्य मानी जाएंगी। हाँ, समय-समय पर उनमें विरोध और सुधार हुए होंगे और होते रहेंगे। मुझे तो केवल यही देखना है कि इस घटना की सम्भावना इतिहास की दृष्टि से उचित है कि नहीं।

भारतीय दृष्टिकोण को सुरक्षित रखने वाले विशाखदत्त जैसे पण्डित ने जब अपने नाटकों में लिखा है –

रम्यांचारतिकारिणीच करुणाशोकेन नीता दशाम
तत्कालोपगतेन राहुशिरसा गुप्तेव चांद्रीकला।

पत्युः क्लीवजनोचितेन चरितेनानेव पुंसः सतो
लज्जाकोपविषाद भीत्यरतिभिः क्षेत्रीकृता ताम्यते॥

तो उस नाटक के सम्पूर्ण सामने न रहने पर भी, जिससे कि उसके परिणाम का निश्चित पता लगे, उस काल की सामाजिक व्यवस्था को तो अंशतः स्पष्टीकरण हो ही जाता है।

नारद और पराशर के वचन -

अपत्यार्थम् स्त्रियः सृष्टाः स्त्री क्षेत्रं वीजिनो नराः
क्षेत्रं बीजवते देयं नाबीजी क्षेत्रमर्हति। (नारद)

नष्टे मृते प्रवृजिते क्लीवे च पतौ।
पंचास्वापत्सु नारीणां पतिरन्यो विधीयते॥ (पराशर)

के प्रकाश में जब 'देवीचन्द्रगुप्त' नाटक के ऊपर वाले श्लोक का अर्थ किया जाए तो वह घटना अधिक स्पष्ट हो जाती है। रम्या है किन्तु अरतिकारिणी है, में जो श्लेष है, उसमें शास्त्र-व्यवस्था जनित ध्वनि है। और पति के क्लीवजनोचित चरित का उल्लेख, साथ-ही-साथ क्षेत्री-कृता-जैसा परिभाषित शब्द, नाटककार ने कुछ सोचकर ही लिखा होगा।

भण्डारकार और जायसवाल जी, दोनों ही ने अपने लेखों में विधवा के साथ पुनर्लग्न होने की व्यवस्था मानकर ध्रुवदेवी का पुनर्लग्न स्वीकार किया है। किन्तु स्मृति की ही उक्त व्यवथा में अन्य पति ग्रहण करने के लिए पाँच आपत्तियों का उल्लेख किया है, उनमें केवल मृत्यु होने पर ही तो विधवा का पुनर्लग्न होगा। अन्य चार आपत्तियाँ तो पति के जीवनकाल में ही उपस्थिति होती हैं।

उधर जायसवाल चन्द्रगुप्त द्वारा रामगुप्त का वध भी नहीं मानना चाहते, तब 'देवीचन्द्रगुप्त' नाटक की कथा का उपसंहार कैसे हुआ होगा? वैवाहिक विषयों का उल्लेख स्मृतियों को छोड़कर क्या और कहीं नहीं है? क्योंकि स्मृतियों के सम्बन्ध में तो यह भी कहा जा सकता है कि वे इस युग के लिए नहीं, दूसरे युग के लिए हैं, परन्तु इसी कलियुग के विधान-ग्रंथ आचार्य कौटिल्य के 'अर्थशास्त्र' में मुझे इन स्मृतियों की पुष्टि मिली।

किस अवस्था में एक पति दूसरी स्त्री ग्रहण करता है, इसका अनुसंधान करते हुए, धर्मस्थीय प्रकरण के विवाह-संयुक्त में आचार्य कौटिल्य लिखते हैं -

वर्षाण्यष्टा वप्रजायमानामपृत्राम् वंध्यां चाकांक्षेत् दशविन्द,
द्वादश कन्या प्रसविनीम, ततः पुत्रार्थी द्वितीयां विंदेत्।

8 वर्ष तक वन्ध्या, 10 वर्ष तक विन्द अर्थात् नश्यत्प्रसूति, 12 वर्ष तक कन्या प्रसविनी की प्रतीक्षा करके पुत्रार्थी दूसरी स्त्री ग्रहण कर सकता है। पुरुषों का अधिकार बताकर स्त्रियों के अधिकार की घोषणा भी उसी अध्याय के अन्त में है -

नीचत्वम् परदेशम् वा प्रस्थितो राजकिल्विषी।
प्राणभिहंता पतितस्त्याज्यः क्लीवोपवापतिः॥

इसका मेल पराशर या नारद के वाक्यों में मिलता है। इन्हीं अवस्थाओं में पति को छोड़ने का अधिकार स्त्रियों को था। क्योंकि 'अर्थशास्त्र' में आगे भी मोक्ष (divorce) का प्रसंग आता है, उसमें न्यायालय सम्भवतः 'अमोक्षा-भर्तुरकाम्य द्विषती भार्या भार्यायाश्च भर्ता, परस्परं द्वेषानमोक्षः' के आधार पर आदेश देता था। किन्तु साधारण द्वेष से भी जहाँ अन्य चार विवाहों में मोक्ष हो सकते थे, वहाँ धर्म-विवाह में केवल इन्हीं अवस्थाओं में पति त्याज्य समझा जाता था नहीं तो 'अमोक्षोहि धर्म विवाहानाम्' के अनुसार धर्म-विवाहों में मोक्ष नहीं होता था। दमयन्ती के पुनर्लग्न की घोषणा भी पति के नष्ट या परदेश प्रस्थित होने पर ही की गयी थी।

जायसवालजी अबुलहसन अली की यह बात नहीं मानते कि चन्द्रगुप्त ने रामगुप्त की हत्या की होगी। उनका कहना है कि चन्द्रगुप्त तो भरत की तरह बड़े भाई के लिए गद्दी छोड़ चुका था। उनका अनुमान है कि 'Very likely, it came about in the form of popular uprising.' अब नाटकार के 'अरतिकारिणी' और 'क्लीव' आदि शब्द घटना की परिणति की क्या सूचना देते हैं, यह विचारणीय है। बहुत सम्भव है कि अबुलहसन की कथा का आधार 'देवीचन्द्रगुप्त' नाटक ही हो। क्योंकि अबुलहसन के लिखने के पहले उक्त नाटक का होना माना जा सकता है।

यह ठीक है कि हमारे आचार और धर्मशास्त्र की व्यावहारिकता की परम्परा विच्छिन्न-सी है -आगे जितना सुधार या समाज-शास्त्र के परीक्षात्मक प्रयोग देखे या सुने जाते हैं, उन्हें अचिन्तित और नवीन समझकर हम बहुत शीघ्र अभारतीय कह देते हैं, किन्तु मेरा ऐसा विश्वास है कि प्राचीन आर्यावर्त्त ने समाज की दीर्घ काल-व्यापिनी परम्परा में प्रायः प्रत्येक विधा का परीक्षात्मक प्रयोग किया है। तात्कालिक कल्याणकारी परिवर्तन भी हुए हैं। इसीलिए डेढ़ हजार वर्ष पहले यह होना अस्वाभाविक नहीं था। क्या होना चाहिए और कैसा होगा, यह तो व्यव- स्थापक विचार करें; किन्तु इतिहास के आधार पर जो कुछ हो चुका या जिस घटना के घटित होने की सम्भावना है, उसी को लेकर इस नाटक की कथावस्तु का विकास किया गया है।

भण्डारकरजी का मत है कि यह युद्ध गोमती की घाटी में अल्मोड़ा जिले के कार्तिकियपुर के समीप हुआ। जायसवालजी का मत है कि यह युद्ध 374 ई. से लेकर 380 ई. के बीच में कांगड़ा जिले के अबिबाल स्थान में हुआ था, जहाँ कि प्रथम सिक्ख युद्ध भी हुआ था।

प्रयाग की प्रशस्ति में समुद्रगुप्त की साम्राज्य-नीति में विजित राजाओं के आत्म-निवेदन 'कन्योपायन दान' ग्रहण करने का उल्लेख है। मैंने ध्रुवस्वामिनी के गुप्तकाल में आने का वही कारण माना है।

विशाखदत्त ने ध्रुवदेवी नाम लिखा है, किन्तु मुझे ध्रुवस्वामिनी नाम, जो राजशेखर के 'मुक्तक' में आया है, स्त्रीजनोचित सुन्दर, आदर-सूचक और सार्थक प्रतीत हुआ। इसीलिए मैंने उसी का व्यवहार किया है।

- जयशंकर 'प्रसाद'
चैत्र शुक्ल

प्रथम अंक

(शिविर का पिछला भाग जिसके पीछे पर्वतमाला की प्राचीर है, शिविर का एक कोना दिखलाई दे रहा है जिससे सटा हुआ चन्द्रातप टँगा है। मोटी-मोटी रेशमी डोरियों से सुनहले काम के परदे खम्भों से बँधे हैं। दो-तीन सुन्दर मंच रखे हुए हैं। चन्द्रातप और पहाड़ी के बीच छोटा-सा कुंज, पहाड़ी पर से एक पतली जलधारा उस हरियाली में बहती है। झरने के पास शिलाओं से चिपकी हुई लता की डालियाँ पवन में हिल रही हैं। दो चार छोटे-बड़े वृक्ष, जिन पर फूलों से लदी हुई सेवती की लता छोटा-सा झुरमुट बना रही है।

शिविर के कोने से ध्रुवस्वामिनी का प्रवेश। पीछे-पीछे एक लम्बी और कुरूप स्त्री चुपचाप नंगी तलवार लिए आती है)

ध्रुवस्वामिनी : (सामने पर्वत की ओर देखकर) सीधा तना हुआ, अपने प्रभुत्व की साकार कठोरता, अभ्रभेदी उन्मुक्त शिखर! और इन क्षुद्र कोमल निरीह लताओं और पौधों को इसके चरण में लोटना ही चाहिए न। **(साथ वाली खड्गधारिणी की ओर देखकर)** क्यों, मन्दाकिनी नहीं आई **(वह उत्तर नहीं देती है)** बोलती क्यों नहीं यह तो मैं जानती हूँ कि इस राजकुल के अन्तःपुर में मेरे लिए न जाने कब से नीरव अपमान संचित रहा, जो मुझे आते ही मिला; किन्तु क्या तुम-जैसी दासियों से भी वही मिलेगा इसी शैलमाला की तरह मौन रहने का अभिनय तुम न करो, बोलो! **(वह दाँत निकालकर विनय प्रकट करती हुई कुछ और आगे बढ़ने का संकेत करती है)** अरे, यह क्या, मेरे भाग्य विधाता! यह कैसा इन्द्रजाल? उस दिन राजमहापुरोहित ने कुछ आहुतियों के बाद मुझे आशीर्वाद दिया था, क्या वह अभिशाप था? इस राजकीय अन्तःपुर में सब जैसे एक रहस्य छिपाये हुए चलते हैं, बोलते हैं और मौन हो जाते हैं। **(खड्गधारिणी विवशता और भय का अभिनय करती हुई आगे बढ़ने का संकेत करती है)** तो क्या तुम मूक हो? तुम कुछ बोल न सको, मेरी बातों का उत्तर भी न दो, इसीलिए तुम मेरी सेवा में नियुक्त की गई हो? यह असह्य है। इस राजकुल में एक भी सम्पूर्ण मनुष्यता का निदर्शन नहीं मिलेगा क्या जिधर देखो कुबड़े, बौने, हिजड़े, गूँगे और बहरे...।
(चिढ़ती हुई ध्रुवस्वामिनी आगे बढ़कर झरने के किनारे बैठ जाती है, खड्गधारिणी भी इधर-उधर देखकर ध्रुवस्वामिनी के पैरों के समीप बैठती है।)

खड्गधारिणी : (सशंक चारों ओर देखती हुई) देवि, प्रत्येक स्थान और समय बोलने के योग्य नहीं होते। कभी-कभी मौन रह जाना बुरी बात नहीं है। मुझे अपनी दासी समझिए। अवरोध के भीतर मैं गूँगी हूँ। यहाँ संदिग्ध न रहने के लिए मुझे ऐसा ही करना पड़ता है।

ध्रुवस्वामिनी : अरे, तो क्या तुम बोलती भी हो पर यह तो कहो, यह कपट आचरण किसलिए?

खड्गधारिणी : एक पीड़ित की प्रार्थना सुनाने के लिए। कुमार चन्द्रगुप्त को आप भूल न गई होंगी !

ध्रुवस्वामिनी : (उत्कण्ठा से) वही न, जो मुझे वंदिनी बनाने के लिए गए थे।

खड्गधारिणी : (दाँतों से जीभ दबाकर) यह आप क्या कह रही हैं? उनको तो स्वयं अपने भीषण भविष्य का पता नहीं। प्रत्येक क्षण उनके प्राणों पर सन्देह करता है। उन्होंने पूछा है कि मेरा क्या अपराध है?

धुवस्वामिनी : (उदासी की मुस्कराहट के साथ) अपराध मैं क्या बताऊँ? तो क्या कुमार भी वन्दी हैं?

खड्गधारिणी : कुछ-कुछ वैसा ही है देवि, राजाधिराज से कहकर क्या आप उनका कुछ उपकार कर सकेंगी?

धुवस्वामिनी : भला मैं क्या कर सकूँगी? मैं तो अपने ही प्राणों का मूल्य नहीं समझ पाती। मुझ पर राजा का कितना अनुग्रह है, यह भी मैं आज तक न जान सकी। मैंने तो कभी उनका सम्भाषण सुना ही नहीं। विलासिनियों के साथ मदिरा में उन्मत्त, उन्हें अपने आनन्द से अवकाश कहाँ!

खड्गधारिणी : तब तो अदृष्ट ही कुमार के जीवन का सहायक होगा। उन्होंने पिता का दिया हुआ स्वत्व और राज्य का अधिकार तो छोड़ ही दिया; इसके साथ अपनी एक अमूल्य निधि भी ...। **(कहते-कहते सहसा रुक जाती है।)**

धुवस्वामिनी : अपनी अमूल्य निधि! वह क्या?

खड्गधारिणी : यह अत्यन्त गुप्त है देवि, किन्तु मैं प्राणों की भीख माँगते हुए कह सकूँगी।

धुवस्वामिनी : (कुछ सोचकर) तो जाने दो, छिपी हुई बातों से मैं घबरा उठी हूँ। हाँ, मैंने उन्हें देखा था, वह निरभ्र प्राची का बाल अरुण! आह! राज-चक्र सबको पीसता है, पिसने दो, हम निःसहायों को और दुर्बलों को पिसने दो!

खड्गधारिणी : देवि, वह वल्लरी जो झरने के समीप पहाड़ी पर चढ़ गई है, उसकी नन्हीं-नन्हीं पत्तियों को ध्यान से देखने पर आप समझ जायेंगी कि वह किस जाति की है। प्राणों की क्षमता बढ़ा लेने पर वही काई जो बिछलन बनकर गिरा सकती थी, अब दूसरों के ऊपर चढ़ने का अवलम्बन बन गई है।

धुवस्वामिनी : (आकाश की ओर देखकर) वह बहुत दूर की बात है। आह, कितनी कठोरता है! मनुष्य के हृदय में देवता को हटाकर राक्षस कहाँ से घुस आता है? कुमार की स्निग्ध, सरल और सुन्दर मूर्ति को देखकर कोई भी प्रेम से पुलकित हो सकता है, किन्तु उन्हीं का भाई? आश्चर्य!

खड्गधारिणी : कुमार को इतने में ही सन्तोष होगा कि उन्हें कोई विश्वासपूर्वक स्मरण कर लेता है। रही अभ्युदय की बात, सो तो उनको अपने बाहुबल और भाग्य पर ही विश्वास है।

धुवस्वामिनी : किन्तु उन्हें कोई ऐसा साहस का काम न करना चाहिए जिसमें उनकी परिस्थिति और भी भयानक हो जाए।

(खड्गधारिणी खड़ी होती है)

अच्छा, तो अब तू जा और अपने मौन संकेत से किसी दासी को यहाँ भेज दे मैं अभी यहाँ बैठना चाहती हूँ।

(खड्गधारिणी नमस्कार करके जाती है और एक दासी का प्रवेश)

दासी : (हाथ जोड़कर) देवी, सांयकाल हो चुका है। वनस्पतियाँ शिथिल होने लगी हैं। देखिए न, व्योम-विहारी पक्षियों का झुण्ड भी अपने नीड़ों में प्रसन्न कोलाहल से लौट रहा है। क्या भीतर चलने की अभी इच्छा नहीं है

धुवस्वामिनी : चलूँगी क्यों नहीं? किन्तु मेरा नीड़ कहाँ? यह तो स्वर्णपिंजर है।

(करुण भाव से उठकर दासी के कंधे पर हाथ रखकर चलने को उद्यत होती है। नेपथ्य में कोलाहल - महादेवी कहाँ हैं? उन्हें कौन बुलाने गई है?)

ध्रुवस्वामिनी : हैं-हैं, यह उतावली कैसी?

प्रतिहारी : (प्रवेश करके ... घबराहट से) भट्टारक इधर आये हैं क्या?

ध्रुवस्वामिनी : (व्यंग्य से मुस्कराते हुए) मेरे अंचल में तो छिपे नहीं हैं। देखो, किसी कुंज में ढूँढ़ो।

प्रतिहारी : (संभ्रम से) अरे महादेवी! क्षमा कीजिए। युद्ध-सम्बन्धी एक आवश्यक संवाद देने के लिए महाराज को खोजती हुई मैं इधर आ गयी हूँ।

ध्रुवस्वामिनी : होंगे कहीं, यहाँ तो नहीं है।

(उदास भाव से दासी के साथ ध्रुवस्वामिनी का प्रस्थान। दूसरी ओर से खड्गधारिणी का पुनः प्रवेश... और कुंज में से अपना उत्तरीय सँभालता रामगुप्त निकलकर एक बार प्रतिहारी की ओर, फिर खड्गधारिणी की ओर देखता है)

प्रतिहारी : जय हो देव! एक चिन्ताजनक समाचार निवेदन करने के लिए अमात्य ने मुझे भेजा है।

रामगुप्त : (झुँझलाकर) चिन्ता करते-करते देखता हूँ कि मुझे मर जाना पड़ेगा। ठहरो, **(खड्गधारिणी से)** हाँ जी, तुमने अपना काम तो अच्छा किया, किन्तु मैं समझ न सका कि चन्द्रगुप्त को वह अब भी प्यार करती है या नहीं?

(खड्गधारिणी प्रतिहारी की ओर देखकर चुप रह जाती है)

रामगुप्त : (प्रतिहारी की ओर क्रोध से देखता हुआ) तुमसे मैंने कह दिया न कि अभी मुझे अवकाश नहीं, ठहर कर आना।

प्रतिहारी : राजाधिराज! शकों ने किसी पहाड़ी राह से उतरकर नीचे का गिरि-पथ रोक लिया है। हम लोगों के शिविर का सम्बन्ध राजपथ से छूट गया है। शकों ने दोनों ही ओर से घेर लिया है।

रामगुप्त : दोनों ओर से घिरा रहने में शिविर और भी सुरक्षित है। मूर्ख! चुप रह... **(खड्गधारिणी से)** तो ध्रुवदेवी, क्या मन-ही-मन चन्द्रगुप्त को... है न मेरा सन्देह ठीक?

प्रतिहारी : (हाथ जोड़कर) अपराध क्षमा हो देव! अमात्य युद्ध परिषद् में आपकी प्रतीक्षा कर रहे हैं।

रामगुप्त : (हृदय पर हाथ रखकर) युद्ध तो यहाँ भी चल रहा है। देखती नहीं, जगत की अनुपम सुन्दरी मुझसे स्नेह नहीं करती और मैं हूँ इस देश का राजाधिराज!

प्रतिहारी : महाराज, शकराज का संदेश लेकर एक दूत भी आया है।

रामगुप्त : आह! किन्तु ध्रुवदेवी! उसके मन में टीस है **(कुछ सोचकर)** जो स्त्री दूसरे के शासन में रहकर और प्रेम किसी अन्य पुरुष से करती है, उसमें एक गम्भीर और व्यापक रस उद्वेलित रहता होगा। वही तो... नहीं, जो चन्द्रगुप्त से प्रेम करेगी वह स्त्री न जाने कब चोट कर बैठे? भीतर-भीतर न जाने कितने कुचक्र घूमने लगेंगे। **(खड्गधारिणी से)** सुना न, ध्रुवदेवी से कह देना चाहिए कि वह मुझे और मुझसे ही प्यार करे। केवल महादेवी बन जाना ठीक नहीं।

(खड्गधारिणी का प्रतिहारी के साथ प्रस्थान और शिखरस्वामी का प्रवेश)

शिखरस्वामी : कुछ आवश्यक बातें कहनी हैं, देव।

रामगुप्त : (चिन्ता से उँगली हिलाते हुए, जैसे अपने आप बातें कर रहा हो) ध्रुवदेवी को लेकर क्या साम्राज्य से भी हाथ धोना पड़ेगा! नहीं, तो फिर (कुछ सोचने लगता है) ठीक, तो सहसा मेरे राजदण्ड ग्रहण कर लेने से पुरोहित, अमात्य और सेनापति लोग छिपा हुआ विद्रोह भाव रखते हैं। (शिखर से) है न! केवल एक तुम्हीं मेरे विश्वासपात्र हो। समझा न! यही गिरि-पथ सब झगड़ों का अन्तिम निर्णय करेगा। क्यों अमात्य, जिसकी भुजाओं में बल न हो, उसके मस्तिष्क में तो कुछ होना चाहिए?

शिखरस्वामी : (एक पत्र लेकर) पहले इसे पढ़ लीजिए! (रामगुप्त पत्र पढ़ते-पढ़ते आश्चर्य से चौंक उठता है)। चौंकिए मत, यह घटना इतनी आकस्मिक है कि कुछ सोचने का अवसर नहीं मिलता।

रामगुप्त : (ठहरकर) है तो ऐसा ही; किन्तु एक बार ही मेरे प्रतिकूल भी नहीं। मुझे इसकी सम्भावना पहले से भी थी।

शिखरस्वामी : (आश्चर्य से) ऐं? तब तो महाराज ने अवश्य ही कुछ सोच लिया होगा। मेघ-संकुल आकाश की तरह जिसका भविष्य घिरा हो, उसकी बुद्धि को तो बिजली के समान चमकना ही चाहिए।

रामगुप्त : (संशक) कह दूँ! सोचा तो है मैंने, परन्तु क्या तुम उसका समर्थन करोगे?

शिखरस्वामी : यदि नीति-युक्त हुआ तो अवश्य समर्थन करूँगा। सबके विरुद्ध रहने पर भी स्वर्गीय आर्य समुद्रगुप्त की आज्ञा के प्रतिकूल मैंने ही आपका समर्थन किया था। नीति-सिद्धान्त के आधार पर ज्येष्ठ राजपुत्र को...।

रामगुप्त : (बात काटकर) वह तो... मैं जानता हूँ; किन्तु इस समय जो प्रश्न सामने आ गया है उस पर विचार करना चाहिए। यह तुम जानते हो कि मेरी इस विजय-यात्रा का कोई गुप्त उद्देश्य है। उसकी सफलता भी सामने दिखाई पड़ रही है। हाँ, थोड़ा-सा साहस चाहिए।

शिखरस्वामी : वह क्या?

रामगुप्त : शक-दूत सन्धि के लिए जो प्रमाण चाहता हो, उसे अस्वीकार न करना चाहिए। ऐसा करने में इस संकट के बहाने जितनी विरोधी प्रकृति हैं, उस सबको हम लोग सहज ही हटा सकेंगे।

शिखरस्वामी : भविष्य के लिए यह चाहे अच्छा हो, किन्तु इस समय तो हमको बहुत-से विघ्नों का सामना करना पड़ेगा।

रामगुप्त : (हँसकर) तुम... तुम्हारी बुद्धि कब काम में आवेगी और हाँ, चन्द्रगुप्त के मनोभाव का कुछ पता लगा?

शिखरस्वामी : कोई नई बात तो नहीं।

रामगुप्त : मैं देखता हूँ कि मुझे पहले अपने अन्तःपुर के ही विद्रोह का दमन करना होगा। (निःश्वास लेकर) ध्रुवदेवी के हृदय में चन्द्रगुप्त की आकांक्षा धीरे-धीरे जाग रही है।

शिखरस्वामी : यह असम्भव नहीं, किन्तु महाराज! इस समय आपको दूत से साक्षात् करके उपस्थित राजनीति पर ध्यान देना चाहिए। यह एक विचित्र बात है कि प्रबल पक्ष सन्धि के लिए सन्देश भेजे।

रामगुप्त : विचित्र हो चाहे सचित्र अमात्य, तुम्हारी राजनीतिज्ञता इसी में है, भीतर और बाहर के सब शत्रु एक ही चाल में परास्त हों। तो चलो!

(दोनों का प्रस्थान। मन्दाकिनी का सशंक भाव से प्रवेश)

मन्दाकिनी : (चारों ओर देखकर) भयानक समस्या है। मूर्खों ने स्वार्थ के लिए साम्राज्य के गौरव का सर्वनाश करने का निश्चय कर लिया है। सच है, वीरता जब भागती है, तब उसके पैरों से राजनीतिक छलछन्द की धूल उड़ती है। (कुछ सोचकर) कुमार चन्द्रगुप्त को यह सब समाचार शीघ्र ही मिलना चाहिए। गूँगी के अभिनय में महादेवी के हृदय का आवरण तनिक-सा हटा है, किन्तु वह थोड़ा-सा स्निग्ध भाव भी कुमार के लिए कम महत्त्व नहीं रखता। कुमार चन्द्रगुप्त! कितना समर्पण का भाव है उसमें और उसका बड़ा भाई रामगुप्त! कपटाचारी रामगुप्त। जी करता है, इस कुलषित वातावरण से कहीं दूर, विस्मृत में अपने को छिपा लूँ। पर मन्दा! तुझे विधाता ने क्यों बनाया (सोचने लगती है) नहीं, मुझे हृदय कठोर करके अपना कर्त्तव्य करने के लिए यहाँ रुकना होगा। न्याय का दुर्बल पक्ष ग्रहण करना होगा।

(गाती है)

यह कसक अरे आँसू सह जा।
बनकर विनम्र अभिमान मुझे
मेरा अस्तित्व बता, रह जा।
बन प्रेम छलक कोने-कोने
अपनी नीरव गाथा कह जा
करुणा बन दुखिया वसुधा पर
शीतलता फैलाता बह जा।

(जाती है। ध्रुवस्वामिनी का उदास भाव से धीरे-धीरे प्रवेश। पीछे एक परिचारिका पान का डिब्बा और दूसरी चमर लिये आती है। ध्रुवस्वामिनी एक मेज पर बैठकर अक्षरों पर उँगली रखकर कुछ सोचने लगती है और चमरधारिणी चमर चलाने लगती है।)

ध्रुवस्वामिनी : (दूसरी परिचारिका से) हाँ, क्या कहा, शिखरस्वामी कुछ कहना चाहते हैं? कह दो, कल सुनूँगी, आज नहीं।

परिचारिका : जैसी आज्ञा। तो मैं कह आऊँ कि अमात्य से कल महादेवी बातें करेंगी?

ध्रुवस्वामिनी : (कुछ सोचकर) ठहरो तो, वह गुप्त साम्राज्य का अमात्य है, उससे आज ही भेंट करना होगा। हाँ, यह तो बताओ, तुम्हारे राजकुल में नियम क्या है? पहले अमात्य की मंत्रणा सुननी पड़ती है, तब राजा से भेंट होती है?

परिचारिका : (दाँतों से जीभ दबाकर) ऐसा नियम तो मैंने नहीं सुना। यह युद्ध-शिविर है न! परम भट्टारक को अवसर न मिला होगा। महादेवी! आपको सन्देह न करना चाहिए।

ध्रुवस्वामिनी : मैं महादेवी ही हूँ न? यदि यह सत्य है तो क्या तुम मेरी आज्ञा से कुमार चन्द्रगुप्त को यहाँ बुला सकती हो? मैं चाहती हूँ कि अमात्य के साथ ही कुमार से भी कुछ बातें कर लूँ।

परिचारिका : क्षमा कीजिए, इसके लिए तो पहले अमात्य से पूछना होगा।

(ध्रुवस्वामिनी क्रोध से उसकी ओर देखने लगती है और वह पान का डिब्बा रखकर चली जाती है। एक बौने का कुबड़े और हिजड़े के साथ प्रवेश)

कुबड़ा : युद्ध! भयानक युद्ध!!

बौना : हो रहा है, कि कहीं होगा मित्र!

हिजड़ा : बहनो, यहीं युद्ध करके दिखाओ न! महादेवी भी देख लें।

बौना : (कुबड़े से) सुनता है रे! तू अपना हिमाचल इधर कर दे - मैं दिग्विजय करने के लिए कुबेर पर चढ़ाई करूँगा।

(उसकी कूबड़ को दबाता है और कुबड़ा अपने घुटनों और हाथों के बल बैठ जाता है। हिजड़ा कुबड़े की पीठ पर बैठता है। बौना एक मोर्छल लेकर तलवार की तरह उसे घुमाने लगता है।)

हिजड़ा : अरे! यह तो मैं हूँ नल-कूबर की वध! दिग्विजयी वीर, क्या तुम स्त्री से युद्ध करोगे? लौट जाओ, कल आना। मेरे श्वसुर और आर्यपुत्र दोनों ही उर्वशी और रम्भा के अभिसार से अभी नहीं आए। कुछ आज ही तो युद्ध करने का शुभ मुहूर्त नहीं है।

बौना : (मोर्छल से पटा घुमाता हुआ) नहीं, आज ही युद्ध होगा। तुम स्त्री नहीं हो, तुम्हारी उँगलियाँ तो मेरी तलवार से अधिक चल रही हैं। कूबड़ तुम्हारे नीचे है तब मैं कैसे मान लूँ कि तुम न तो नल-कूबड़ हो और न कुबेर! तुम्हारे वस्त्रों से मैं धोखा न खाऊँगा। तुम पुरुष हो, युद्ध करो।

हिजड़ा : (उसी तरह मटकते हुए) अरे, मैं स्त्री हूँ। बहनो, कोई मुझसे ब्याह भले कर सकता है, लड़ाई मैं क्या जानूँ?

(दासी के साथ शिखरस्वामी का प्रवेश)

शिखर-स्वामी : महादेवी की जय हो!

(दूसरी ओर से युवती दासी के कन्धे का सहारा लिए कुछ-कुछ मदिरा के नशे में रामगुप्त का प्रवेश। मुस्कराता हुआ बौने का खेल देखने लगता है। ध्रुवस्वामिनी उठकर खड़ी हो जाती है और शिखरस्वामी रामगुप्त को संकेत करता है।)

रामगुप्त : (कुछ भर्राये हुए कण्ठ से) महादेवी की जय हो।

ध्रुवस्वामिनी : स्वागत महाराज!

रामगुप्त एक मंच पर बैठ जाता है और शिखरस्वामी ध्रुवस्वामिनी के इस उदासीन शिष्टाचार से चकित होकर सिर खुजलाने लगता है)

कुबड़ा : दोहाई राजाधिराज की! हिमाचल का कूबड़ दुखने लगा। न तो यह नल-कूबड़ की बहू मेरे कूबड़ से उठती है और न तो यह बौना मुझे विजय ही कर लेता है।

रामगुप्त : (हँसते हुए) वाह रे वामन वीर! यहाँ दिग्विजय का नाटक खेला जा रहा था क्या?

बौना : (अकड़कर) वामन के बलि-विजय की गाथा और तीन पगों की महिमा सब लोग जानते हैं। मैं तीन लात में इसका कूबड़ सीधा कर सकता हूँ।

कुबड़ा : लगा दे भाई बौने। फिर यह अचल हेमकूट बनना तो छूट जाय!

हिजड़ा : देखो जी, मैं नल-कूबर की वधू इस पर बैठी हूँ।

बौना : झूठ! युद्ध के डर से पुरुष होकर भी यह स्त्री बन गया है।

हिजड़ा : मैं तो पहले ही कह चुकी कि मैं युद्ध करना नहीं जानती।

बौना : तुम नल-कूबर की स्त्री हो न, तो अपनी विजय का उपहार समझकर मैं तुम्हारा हरण कर लूँगा। (और लोगों की ओर देखकर उसका हाथ पकड़ कर खींचता हुआ) ठीक होगा न? कदाचित् यह धर्म के विरुद्ध न होगा!

(रामगुप्त ठठाकर हँसने लगता है)

ध्रुवस्वामिनी : (क्रोध से अकड़कर) निकालो! अभी निकालो, यहाँ ऐसी निर्लज्जता का नाटक मैं नहीं देखना चाहती। (शिखरस्वामी की ओर भी सक्रोध देखती है, शिखर के संकेत करने पर वे भाग जाते हैं।)

रामगुप्त : अरे, ओ दिग्विजयी! सुन तो (उठकर ताली पीटता हुआ हँसने लगता है। ध्रुवस्वामिनी क्षोभ और घृणा से मुँह फिरा लेती है। शिखरस्वामी के संकेत से दासी मदिरा का पात्र ले आती है, उसे देखकर प्रसन्नता से आँखें फाड़कर शिखर की ओर अपना हाथ बढ़ा देता है) अमात्य, आज ही महादेवी के पास मैं आया और आप भी पहुँच गये, यह एक विलक्षण घटना है। है न **(पात्र लेकर पीता है)**

शिखरस्वामी : देव, मैं इस समय एक आवश्यक कार्य से आया हूँ।

रामगुप्त : ओह! मैं तो भूल ही गया था! वह बर्बर शकराज क्या चाहता है? मैं आक्रमण न करूँ, इतना ही तो? जाने दो, युद्ध कोई अच्छी बात तो नहीं!

शिखरस्वामी : वह और भी कुछ चाहता है।

रामगुप्त : क्या कुछ सहायता भी माँग रहा है?

शिखरस्वामी : (सिर झुकाकर गम्भीरता से) नहीं देव, वह बहुत ही असंगत और अशिष्ट याचना कर रहा है।

रामगुप्त : क्या? कुछ कहो भी।

शिखरस्वामी : क्षमा हो महाराज! दूत तो अवध्य होता ही है; इसलिए उसका सन्देश सुनना ही पड़ा। वह कहता था कि शकराज से महादेवी ध्रुवस्वामिनी का... रुककर ध्रुवस्वामिनी की ओर देखने लगता है। ध्रुवस्वामिनी सिर हिलाकर कहने की आज्ञा देती है।) विवाह-सम्बन्ध स्थिर हो चुका था। बीच में ही आर्य समुद्रगुप्त की विजय-यात्रा में महादेवी के पिताजी ने उपहार में उन्हें गुप्तकुल में भेज दिया, इसलिए महादेवी को वह...।

रामगुप्त : ऐं, क्या कहते हो? अमात्य, क्या वह महादेवी को माँगता है?

शिखर-स्वामी : हाँ देव! साथ ही वह अपने सामन्तों के लिए भी मगध के सामन्तों की स्त्रियों को माँगता है।

रामगुप्त : (श्वास लेकर) ठीक ही है, जब उसके पास सामन्त हैं, तब उन लोगों के लिए भी स्त्रियाँ चाहिए। हाँ, क्या यह सच है कि महादेवी के पिता ने पहले शकराज से इनका सम्बन्ध स्थिर कर लिया था?

शिखर-स्वामी : यह तो मुझे नहीं मालूम। **(ध्रुवस्वामिनी रोष से फूलती हुई टहलने लगती है।)**

रामगुप्त : महादेवी, अमात्य क्या पूछ रहे हैं?

ध्रुवस्वामिनी : इस प्रथम सम्भाषण के लिए मैं कृतज्ञ हुई महाराज! किन्तु मैं भी यह जानना चाहती हूँ कि गुप्त साम्राज्य क्या स्त्री-सम्प्रदान से ही बढ़ा है?

रामगुप्त : (झेंपकर हँसता हुआ) हें-हें-हें, बताइए अमात्य जी!

शिखरस्वामी : मैं क्या कहूँ? शत्रु-पक्ष का यही सन्धि-सन्देश है। यदि स्वीकार न हो तो युद्ध कीजिए। शिविर दोनों ओर से घिर गया है। उसकी बातें मानिए, या मरकर भी अपनी कुलमर्यादा की रक्षा कीजिए। दूसरा कोई उपाय नहीं।

रामगुप्त : (चौंककर) क्या प्राण देने के अतिरिक्त दूसरा कोई उपाय नहीं? ऊँ-हूँ तब तो महादेवी से पूछिए।

ध्रुवस्वामिनी : (तीव्र स्वर से) और आप लोग कुबड़ों, बौनों और नपुंसकों का नृत्य देखेंगे। मैं जानना चाहती हूँ कि किसने सुख-दुःख में मेरा साथ न छोड़ने की प्रतिज्ञा अग्निवेदी के सामने की है?

रामगुप्त : (चारों ओर देखकर) किसने की है, कोई बोलता क्यों नहीं

ध्रुवस्वामिनी : तो क्या मैं राजाधिराज रामगुप्त की महादेवी नहीं हूँ

रामगुप्त : क्यों नहीं? परन्तु रामगुप्त ने ऐसी कोई प्रतिज्ञा न की होगी। मैं तो उस दिन द्राक्षासव-सर में डुबकी लगा रहा था। पुरोहितों ने न जाने क्या-क्या पढ़ा दिया होगा। उन सब बातों का बोझ मेरे सिर पर! (सिर हिलाकर) कदापि नहीं।

ध्रुवस्वामिनी : (निस्सहाय होकर दीनता से शिखरस्वामी के प्रति) यह तो हुई राजा की व्यवस्था, अब सुनूँ मन्त्री महोदय क्या कहते हैं!

शिखरस्वामी : मैं कहूँगा देवि, अवसर देखकर राज्य की रक्षा करने वाली उचित सम्मति देना ही तो मेरा कर्तव्य है। राजनीति के सिद्धान्त में राष्ट्र की रक्षा सब उपायों से करने का आदेश है। उसके लिए राजा, रानी, कुमार और अमात्य सबका विसर्जन किया जा सकता है; किन्तु राज विसर्जन अन्तिम उपाय है।

रामगुप्त : (प्रसन्नता से) वाह! क्या कहा तुमने! तभी तो लोग तुम्हें नीतिशास्त्र का बृहस्पति समझते हैं।

ध्रुवस्वामिनी : अमात्य, तुम बृहस्पति हो चाहे शुक्र, किन्तु, धूर्त होने से ही क्या मनुष्य भूल नहीं सकता? आर्य समुद्रगुप्त के पुत्र को पहचानने में तुमने भूल तो नहीं की। सिंहासन पर भ्रम से किसी दूसरे को तो नहीं बैठा दिया?

रामगुप्त : (आश्चर्य से) क्या क्या? क्या?

ध्रुवस्वामिनी : कुछ नहीं, मैं केवल यही कहना चाहती हूँ कि पुरुषों ने स्त्रियों को अपनी पशु-सम्पत्ति समझकर उन पर अत्याचार करने का अभ्यास बना लिया है। वह मेरे साथ नहीं चल सकता। यदि तुम मेरी रक्षा नहीं कर सकते, अपने कुल की मर्यादा, नारी का गौरव नहीं बचा सकते, तो मुझे बेच भी नहीं सकते हो। हाँ, तुम लोगों को आपत्ति से बचाने के लिए मैं स्वयं यहाँ से चली जाऊँगी।

शिखरस्वामी : (मुँह बनाकर) उँह, राजनीति में ऐसी बातों को स्थान नहीं। जब तक नियमों के अनुकूल सन्धि का पूर्ण रूप से पालन न किया जाय, तब तक सन्धि का कोई अर्थ ही नही।

ध्रुवस्वामिनी : देखती हूँ कि इस राष्ट्र-रक्षा-यज्ञ में रानी की बलि होगी ही।

शिखरस्वामी : दूसरा कोई उपाय नहीं।

ध्रुवस्वामिनी : (क्रोध से पैर पटककर) उपाय नहीं, तो न हो, निर्लज्ज अमात्य! फिर ऐसा प्रस्ताव मैं सुनना नहीं चाहती।

रामगुप्त : (चौंककर) इस छोटी-सी बात के लिए इतना बड़ा उपद्रव! (दासी की ओर देखकर) मेरा तो कण्ठ सूखने लगा।

(वह मदिरा देती है)

ध्रुवस्वामिनी : (दृढ़ता से) अच्छा, तो अब मैं चाहती हूँ कि अमात्य अपने मन्त्रणा-गृह में जाएँ। मैं केवल रानी ही नहीं, किन्तु स्त्री भी हूँ; मुझे अपने को पति कहलाने वाले पुरुष से कुछ कहना है, राजा से नहीं।

(शिखरस्वामी का दासियों के साथ प्रस्थान)

रामगुप्त : ठहरो जी, मैं भी चलता हूँ (उठना चाहता है। ध्रुवस्वामिनी उसका हाथ पकड़कर रोक लेती है।) तुम मुझसे क्या कहना चाहती हो?

ध्रुवस्वामिनी : (ठहरकर) अकेले यहाँ भय लगता है क्या? बैठिए, सुनिए। मेरे पिता ने

उपहारस्वरूप कन्यादान किया था। किन्तु गुप्त सम्राट क्या अपनी पत्नी शत्रु को उपहार में देंगे **(घुटने के बल बैठकर)** ? देखिए, मेरी ओर देखिए। मेरा स्त्रीत्व क्या इतने का भी अधिकारी नहीं कि अपने को स्वामी समझने वाला पुरुष उसके लिए प्राणों का पण लगा सके?

रामगुप्त : (उसे देखता हुआ) तुम सुन्दर हो, ओह, कितनी सुन्दर; किन्तु सोने की कटार पर मुग्ध होकर उसे कोई अपने हृदय में डुबा नहीं सकता। तुम्हारी सुन्दरता - तुम्हारा नारीत्व - अमूल्य हो सकता है। फिर भी अपने लिए मैं स्वयं कितना आवश्यक हूँ, कदाचित् तुम यह नहीं जानती हो।

ध्रुवस्वामिनी : (उसके पैरों को पकड़कर) मैं गुप्त-कुल की वधू होकर इस राजपरिवार में आई हूँ इसी विश्वास पर...।

रामगुप्त : (उसे रोककर) वह सब मैं नहीं सुनना चाहता।

ध्रुवस्वामिनी : मेरी रक्षा करो। मेरे और अपने गौरव की रक्षा करो। राजा, आज मैं शरण की प्रार्थिनी हूँ। मैं स्वीकार करती हूँ कि आज तक मैं तुम्हारे विलास की सहचरी नहीं हुई, किन्तु वह मेरा अहंकार चूर्ण हो गया है। मैं तुम्हारी होकर रहूँगी। राज्य और सम्पत्ति रहने पर राजा को - पुरुष को बहुत-सी रानियाँ और स्त्रियाँ मिलती हैं, किन्तु व्यक्ति का मान नष्ट होने पर फिर नहीं मिलता।

रामगुप्त : (घबराकर उसका हाथ हटाता हुआ) ओह, तुम्हारा यह घातक स्पर्श बहुत ही उत्तेजनापूर्ण है। मैं, नहीं। तुम, मेरी रानी! नहीं, नहीं। जाओ, तुमको जाना पड़ेगा। तुम उपहार की वस्तु हो। आज मैं तुम्हें किसी दूसरे को देना चाहता हूँ। इसमें तुम्हें क्यों आपत्ति हो?

ध्रुवस्वामिनी : (खड़ी होकर रोष से) निर्लज्ज! मद्यप!! क्लीव!!! ओह, तो मेरा कोई रक्षक नहीं **(ठहरकर)** नहीं, मैं अपनी रक्षा स्वयं करूँगी। मैं उपहार में देने की वस्तु, शीतलमणि नहीं हूँ। मुझमें रक्त की तरल लालिमा है। मेरा हृदय ऊष्ण है और उसमें आत्मसम्मान की ज्योति है। उसकी रक्षा मैं ही करूँगी **(रशना से कृपाण निकाल लेती है)।**

रामगुप्त : (भयभीत होकर पीछे हटता हुआ) तो क्या तुम मेरी हत्या करोगी?

ध्रुवस्वामिनी : तुम्हारी हत्या नहीं, तुम जियो। भेड़ की तरह तुम्हारा क्षुद्र जीवन! उसे न लूँगी! मैं अपना ही जीवन समाप्त करूँगी।

रामगुप्त : किन्तु तुम्हारे मर जाने पर उस बर्बर शकराज के पास किसको भेजा जाएगा? नहीं, नहीं, ऐसा न करो। हत्या! हत्या!! दौड़ो...। दौड़ो!! **(भागता हुआ निकल जाता है। दूसरी ओर से वेग सहित चन्द्रगुप्त का प्रवेश)**

चन्द्रगुप्त : हत्या! कैसी हत्या!! **(ध्रुवस्वामिनी को देखकर)** यह क्या? महादेवी, ठहरिए!

ध्रुवस्वामिनी : कुमार, इसी समय तुम्हें भी आना था! **(सकरुण देखती हुई)** मैं प्रार्थना करती हूँ कि तुम यहाँ से चले जाओ! मुझे अपने अपमान में निर्वसन-नग्न देखने का किसी पुरुष को अधिकार नहीं। मुझे मृत्यु की चादर से अपने को ढँक लेने दो।

चन्द्रगुप्त : किन्तु क्या कारण सुनने का मैं अधिकारी नहीं हूँ?

ध्रुवस्वामिनी : सुनोगे? **(ठहरकर सोचती हुई)** नहीं, अभी आत्महत्या नहीं करूँगी। जब तुम आ गए हो तो थोड़ा ठहरूँगी। यह तीखी छुरी इस अतृप्त हृदय में, विकासोन्मुख कुसुम में विषैले कीट के डंक की तरह चुभा दूँ या नहीं, इस पर विचार करूँगी। यदि नहीं तो मेरी दुर्दशा का पुरस्कार क्या कुछ और है? हाँ, जीवन के लिए कृतज्ञ, उपकृत और आभारी होकर किसी के अभिमानपूर्ण आत्म-विज्ञापन का भार ढोती रहूँ। यही क्या विधाता का निष्ठर विधान है? छुटकारा नहीं। जीवन नियति के कठोर आदेश पर चलेगा ही। तो क्या यह मेरा जीवन भी अपना नहीं है?

चन्द्रगुप्त : देवि, जीवन विश्व की सम्पत्ति है। प्रमाद से, क्षणिक आवेश से, या दुःख की कठिनाइयों

से उसे नष्ट करना ठीक तो नहीं। गुप्त-कुल लक्ष्मी आज यह छिन्नमस्ता का अवतार किसलिए धारण करना चाहती है, सुनूँ भी?

ध्रुवस्वामिनी : नहीं, मैं मरूँगी नहीं! क्योंकि तुम आ गये हो। मेरी शिविका के साथ चामर-सज्जित अश्व पर चढ़कर तुम्हीं उस दिन आए थे। तुम्हारा विश्वासपूर्ण मुखमण्डल मेरे साथ आने में क्यों इतना प्रसन्न था?

चन्द्रगुप्त : मैं गुप्त-कुल-वधू को आदर सहित ले आने के लिए गया था, फिर प्रसन्न क्यों न होता?

ध्रुवस्वामिनी : तो फिर आज मुझे शक-शिविर में पहुँचाने के लिए उसी प्रकार तुमको मेरे साथ चलना होगा। **(आँखों से आँसू पोंछती है!)**

चन्द्रगुप्त : (आश्चर्य से) यह कैसा परिहास!

ध्रुवस्वामिनी : कुमार! यह परिहास नहीं, राजा की आज्ञा है। शकराज को मेरी अत्यन्त आवश्यकता है। यह अवरोध, बिना मेरा उपहार दिए नहीं हट सकता।

चन्द्रगुप्त : (आवेश से) यह नहीं हो सकता। महादेवी! जिस मर्यादा के लिए-जिस महत्त्व को स्थिर रखने के लिए मैंने राजदण्ड ग्रहण न करके अपना मिला हुआ अधिकार छोड़ दिया, उसका यह अपमान! मेरे जीवित रहते आर्य समुद्रगुप्त के स्वर्गीय गर्व को इस तरह पद-दलित होना न पड़ेगा। **(ठहरकर)** और भी एक बात है। मेरे हृदय के अन्धकार में प्रथम किरण-सी आकर जिसने अज्ञातभाव से अपना मधुर आलोक ढाल दिया था, उसको भी मैंने केवल इसीलिए भूलने का प्रयत्न किया कि... **(सहसा चुप हो जाता है।)**

ध्रुवस्वामिनी : (आँख बन्द किए हुए कुतूहल-भरी प्रसन्नता से) हाँ-हाँ, कहो-कहो।

(शिखरस्वामी के साथ रामगुप्त का प्रवेश)

रामगुप्त : देखो तो कुमार! यह भी कोई बात है! आत्महत्या कितना बड़ा अपराध है!

चन्द्रगुप्त : और आप से तो वह भी करते नहीं बनता।

रामगुप्त : (शिखरस्वामी से) देखो, कुमार के मन में छिपा हुआ कलुष कितना... कितना... भयानक है?

शिखरस्वामी : कुमार, विनय गुप्त-कुल का सर्वोत्तम गृह-विधान है, उसे न भूलना चाहिए!

चन्द्रगुप्त : (व्यंग्य से हँसकर) अमात्य, तभी तो तुमने व्यवस्था दी है कि महादेवी को देकर भी सन्धि की जाय! क्यों, यही तो विनय की पराकाष्ठा है! ऐसा विनय प्रवञ्चकों का आवरण है, जिसमें शील न हो। और शील परस्पर सम्मान की घोषणा करता है। कापुरुष! आर्य समुद्रगुप्त का सम्मान...

शिखरस्वामी : (बीच में बात काटकर) उसके लिए मुझे प्राणदण्ड दिया जाए! मैं उसे अविचल भाव से ग्रहण करूँगा; परन्तु राजा और राष्ट्र की रक्षा होनी चाहिए।

मन्दाकिनी : (प्रवेश करके) राजा अपने राष्ट्र की रक्षा करने में असमर्थ है, तब भी उस राजा की रक्षा होनी ही चाहिए। अमात्य, यह कैसी विवशता है! तुम मत्युदण्ड के लिए उत्सुक! महादेवी आत्महत्या करने के लिए प्रस्तुत! फिर यह हिचक क्यों? एक बार अन्तिम बल से परीक्षा कर देखो! बचोगे तो राष्ट्र और सम्मान भी बचेगा, नहीं तो सर्वनाश!

चन्द्रगुप्त : आह मन्दा! भला तू कहाँ से यह उल्लास-भरी बात कहने के लिए आ गई? ठीक तो है अमात्य! सुनो, यह स्त्री क्या कह रही है

रामगुप्त : (अपने हाथों को मसलते हुए) दुरभिसन्धि, छल, मेरे प्राण लेने का कौशल!

चन्द्रगुप्त : तब आओ, हम लोग स्त्री बन जाएँ और बैठकर रोएँ।

हिजड़ा : (प्रवेश करके) कुमार, स्त्री बनना सहज नहीं है! कुछ दिनों तक मुझसे सीखना होगा। **(सबका मुँह देखता है और शिखरस्वामी के मुँह पर हाथ फेरता है)** उहूँ, तुम नहीं बन सकते! तुम्हारे ऊपर बड़ा कठोर आवरण है। **(कुमार के समीप जाकर)** कुमार! मैं शपथ खाकर कह सकती हूँ कि यदि मैं अपने हाथों से सजा दूँ तो आपको देखकर महादेवी को भ्रम हो जाए।

(चन्द्रगुप्त उसका कान पकड़कर बाहर कर देता है)

ध्रुवस्वामिनी : उसे छोड़ दो, कुमार! यहाँ पर एक वही नपुंसक तो नहीं है। बहुत-से लोगों में किसको-किसको निकालोगे?

(चन्द्रगुप्त उसे छोड़कर चिन्तित-सा टहलने लगता है और शिखरस्वामी रामगुप्त के कानों में कुछ कहता है)

चन्द्रगुप्त : (सहसा खड़े होकर) अमात्य, तो तुम्हारी ही बात रही। हाँ, उसमें तुम्हारे सहयोगी हिजड़े की भी सम्मति मुझे अच्छी लगी। मैं ध्रुवस्वामिनी बनकर अन्य सामन्त कुमारों के साथ शकराज के पास जाऊँगा। अगर सफल हुआ तब तो कोई बात ही नहीं, अन्यथा मेरी मृत्यु के बाद तुम लोग जैसा उचित समझाना, वैसा करना।

ध्रुवस्वामिनी : (चन्द्रगुप्त को अपनी भुजाओं में पकड़कर) नहीं, मैं तुमको न जाने दूँगी। मेरे क्षुद्र, दुर्बल नारी-जीवन का सम्मान बचाने के लिए इतने बड़े बलिदान की आवश्यकता नहीं।

रामगुप्त : (आश्चर्य और क्रोध से) छोड़ो-छोड़ो, यह कैसा अनर्थ! सबके सामने यह कैसी निर्लज्जता!

ध्रुवस्वामिनी : (चन्द्रगुप्त को छोड़ती हुई... जैसे चैतन्य होकर) यह पाप है। जो मेरे लिए अपनी बलि दे सकता हो, जो मेरे स्नेह... **(ठहरकर)** अथवा इससे क्या? शकराज क्या मुझे देवी बनाकर भक्ति-भाव से मेरी पूजा करेगा? वाह रे लज्जाशील पुरुष!

(शिखरस्वामी फिर रामगुप्त के कानों में कुछ कहता है। रामगुप्त स्वीकारसूचक सिर हिलाता है)

शिखरस्वामी : राजाधिराज! आज्ञा दीजिए, यही एक उपाय है जिसे कुमार बता रहे हैं। किन्तु राजनीति की दृष्टि से महादेवी का भी वहाँ जाना आवश्यक है।

चन्द्रगुप्त : (क्रोध से) क्यों आवश्यक है! यदि उन्हें जाना ही पड़ा, तो फिर मेरे जाने से क्या लाभ तब मैं न जाऊँगा।

रामगुप्त : नहीं, यह मेरी आज्ञा है। सामन्त कुमारों के साथ जाने के लिए प्रस्तुत हो जाओ।

ध्रुवस्वामिनी : तो कुमार! हम लोगों का चलना निश्चित ही है। अब इसमें विलम्ब की आवश्यकता नहीं।

(चन्द्रगुप्त का प्रस्थान। ध्रुवस्वामिनी मंच पर बैठकर रोने लगती है)

रामगुप्त : अब यह कैसा अभिनय! मुझे तो पहले से ही शंका थी और आज तो तुमने मेरी आँखें खोल दीं।

ध्रुवस्वामिनी : अनार्य! निष्ठुर! मुझे कलंक-कालिमा के कारागार में बन्द कर, मर्म-वाक्य के धुएँ से दम घोंटकर मार डालने की आशा न करो। आज मेरी असहायता मुझे अमृत पिलाकर मेरा निर्लज्ज जीवन बढ़ाने के लिए तत्पर है। **(उठकर, हाथ से निकल जाने का संकेत करते हुए)** जाओ, मैं एकान्त चाहती हूँ।

(शिखरस्वामी के साथ रामगुप्त का प्रस्थान)

ध्रुवस्वामिनी : कितना अनुभूतिपूर्ण था वह एक क्षण का आलिंगन। कितने सन्तोष से भरा था! नियति ने अज्ञात भाव से मानो लू से तपी हुई वसुधा को क्षितिज के निर्जन में सायंकालीन शीतल आकाश से मिला दिया हो। **(ठहरकर)** जिस आयुविहीन प्रदेश में उखड़ी हुई साँसों पर बन्धन हो - अर्गला हो, वहाँ रहते-रहते यह जीवन असह्य हो गया था। तो भी मरूँगी नहीं। संसार के कुछ दिन विधाता के विधान में अपने लिए सुरक्षित करा लूँगी। कुमार! तुमने वही किया, जिसे मैं बचाती रही। तुम्हारे उपकार और स्नेह की वर्षा से मैं भीगी जा रही हूँ। ओह, **(हृदय पर उँगली रखकर)** इस वक्षस्थल में दो हृदय हैं क्या? अब अन्तरंग 'हाँ' करना चाहता है, जब ऊपरी मन 'ना' क्यों कह देता है?

चन्द्रगुप्त : (प्रवेश करके) महादेवी, हम लोग प्रस्तुत हैं, किन्तु ध्रुवस्वामिनी के साथ शक-शिविर में जाने के लिए हम लोग सहमत नहीं।

ध्रुवस्वामिनी : (हँसकर) राजा की आज्ञा मान लेना ही पर्याप्त नहीं। रानी की भी एक बात न मानोगे? मैंने तो पहले ही कुमार से प्रार्थना की थी कि मुझे जैसे ले आए हो उसी तरह पहुँचा भी दो।

चन्द्रगुप्त : नहीं - मैं अकेले ही जाऊँगा।

ध्रुवस्वामिनी : कुमार! यह मृत्यु और निर्वासन का सुख तुम अकेले ही लोगे, ऐसा नहीं हो सकता। राजा की इच्छा क्या है, यह जानते हो? मुझसे और तुमसे एक साथ ही छुटकारा! तो फिर वही क्यों न हो हम दोनों ही चलेंगे। मृत्यु के गह्वर में प्रवेश करने के समय मैं भी तुम्हारी ज्योति बनकर बुझ जाने की कामना रखती हूँ। और भी एक विनोद, प्रलय का परिहास, देख सकूँगी। मेरे सहचरी! तुम्हारा वह ध्रुवस्वामिनी का वेश ध्रुवस्वामिनी ही न देखे तो किस काम का?

(दोनों हाथों से चन्द्रगुप्त का चिबुक पकड़ कर सकरुण देखती है।)

चन्द्रगुप्त : (अधखुली आँखों से देखता हुआ) तो फिर चलो।

(सामंतकुमारों के आगे-आगे मंदाकिनी का गंभीर-स्वर में गाते हुए प्रवेश)

पैरों के नीचे जलधर हों, बिजली से उनका खेल चले।
संकीर्ण कगारों के नीचे, शत-शत झरने बेमेल चलें ॥

सन्नाटे में हो विकल पवन, पादप निज पद हों चूम रहे।
तब भी गिरि पथ का अथक पथिक, ऊपर ऊँचे सब झेल चले ॥

पृथ्वी की आँखों में बनकर, छाया का पुतला बढ़ता हो।
सूने तम में हो ज्योति बना, अपनी प्रतिमा को गढ़ता हो ॥

पीड़ा की धूल उड़ाता-सा, बाधाओं को ठुकराता-सा।
कष्टों पर कुछ मुसक्याता-सा, ऊपर ऊँचे सब झेल चले ॥

खिलते हों क्षत के फूल वहाँ, बन व्यथा तमिस्रा के तारे।
पद-पद पर ताण्डव नर्तक हों, स्वर सप्तक होवें लय सारे ॥

भैरव रव से हो व्याप्त दिशा, हो काँप रही भय-चकित निशा।
हो स्वेद धार बहती कपिशा, ऊपर ऊंचे सब झेल चले ॥

विचलित हो अचल न मौन रहे, निष्ठुर श्रृंगार उतरता हो।
क्रन्दन कम्पन न पुकार बने, निज साहस पर निर्भरता हो ॥

अपनी ज्वाला को आप पिये, नव नील कण्ठ की छाप लिये।
विश्राम शांति को शाप दिए, ऊपर ऊँचे सब झेल चले ॥

(चन्द्रगुप्त और ध्रुवस्वामिनी के साथ सबका धीरे-धीरे प्रस्थान। अकेली मन्दाकिनी खड़ी

रह जाती है।)

(पटाक्षेप)

द्वितीय अंक

(एक दुर्ग के भीतर सुनहले कामवाले खम्भों पर एक दालान, बीच में छोटी-छोटी-सी सीढ़ियाँ, उसी के सामने कश्मीरी खुदाई का सुंदर लकड़ी का सिंहासन। बीच के दो खंभे खुले हुए हैं, उनके दोनों ओर मोटे-मोटे चित्र बने हुए तिब्बती ढंग से रेशमी पर्दे पड़े हैं, सामने बीच में छोटा-सा आँगन की तरह जिसके दोनों ओर क्यारियाँ, उनमें दो-चार पौधे और लताएँ फूलों से लदी दिखलाई पड़ती हैं।)

कोमा : (धीरे-धीरे पौधों को देखती हुई प्रवेश करके) इन्हें सींचना पड़ता है, नहीं तो इनकी रुखाई और मलिनता सौंदर्य पर आवरण डाल देती हैं। **(देखकर)** आज तो इनके पत्ते धुले हुए भी नहीं हैं। इनमें फूल जैसे मुकुलित होकर ही रह गए हैं। खिलखिलाकर हँसने का मानो इन्हें बल नहीं। **(सोचकर)** ठीक, इधर कई दिनों में महाराज अपने युद्ध-विग्रह में लगे हुए हैं और मैं भी यहाँ नहीं आई, तो फिर इनकी चिन्ता कौन करता? उस दिन मैंने यहाँ दो मंच और भी रख देने के लिए कह दिया था, पर सुनता कौन है? सब जैसे रक्त के प्यासे! प्राण लेने और देने में पागल! वसन्त का उदास और असल पवन आता है, चला जाता है। कोई उस स्पर्श से परिचित नहीं। ऐसा तो वास्तविक जीवन नहीं है **(सीढ़ी पर बैठकर सोचने लगती है)** प्रणय! प्रेम! जब सामने से आते हुए तीव्र आलोक की तरह आँखों में प्रकाशपुंज उड़ेल देता है, तब सामने की सब वस्तुएँ और भी अस्पष्ट हो जाती हैं। अपनी ओर से कोई भी प्रकाश की किरण नहीं। तब वही, केवल वही! हो पागलपन, भूल हो, दुःख मिले। प्रेम करने की एक ऋतु होती है। उसमें चूकना, उसमें सोच-समझकर चलना दोनों बराबर हैं। सुना है दोनों ही संसार के चतुरों की दृष्टि से मूर्ख बनते हैं, तब कोमा, तू किसे अच्छा समझती है?

(गाती है)

यौवन! तेरी चंचल छाया।
इसमें बैठे घूँट भर पी लूँ जो रस तू है लाया।
मेरे प्याले में पद बनकर कब तू छली समाया।
जीवन-वंशी के छिद्रों में स्वर बनकर लहराया।
पल भर रुकने वाले! कह तू पथिक! कहाँ से आया

(चुप होकर आँखें बंद किए तन्मय होकर बैठी रह रह जाती है। शकराज का प्रवेश। हाथ में एक लम्बी तलवार लिए चिंतित भाव से आकर इस तरह खड़ा होता है, जिससे कोमा को नहीं देखता।)

शकराज : खिंगल अभी नहीं आया, क्या वह वंदी तो नहीं कर लिया गया? नहीं, यदि वे अंधे नहीं हैं तो उन्हें अपने सिर पर खड़ी विपत्ति दिखाई देनी चाहिए। **(सोचकर)** विपत्ति, केवल उन्हीं पर तो नहीं है, हम लोगों को भी रक्त की नदी बहानी पड़ेगी। चित्त बड़ा चंचल हो रहा है, तो बैठ जाऊँ इस एकान्त में। अपने बिखरे हुए मन को सँभाल लूँ। **(इधर-उधर देखता है, कोमा आहट पाकर खड़ी होती है। उसे देखकर)** अरे, कोमा! कोमा!

कोमा : हाँ, महाराज! क्या आज्ञा है?

शकराज : **(उसे स्निग्ध भाव से देखकर)** आज्ञा नहीं, कोमा! तुम्हें आज्ञा न दूँगा! तुम रूठी हुई-सी क्यों बोल रही हो?

कोमा : रूठने का सुहाग मुझे मिला कब?

शकराज : आजकल में जैसी भीषण परिस्थिति में हूँ, उसमें अन्यमनस्क होना स्वाभाविक है, तुम्हें यह भूल न जाना चाहिए।

कोमा : तो क्या आपकी दुश्चिन्ताओं में मेरा भाग नहीं? मुझे उससे अलग रखने से क्या वह परिस्थिति कुछ सरल हो रही है?

शकराज : तुम्हारे हृदय को उन दुर्भावनाओं में डालकर व्यथित नहीं करना चाहता। मेरे सामने जीवन-मरण का प्रश्न है।

कोमा : प्रश्न स्वयं किसी के सामने नहीं आते। मैं तो समझती हूँ, मनुष्य उन्हें जीवन के लिए उपयोगी समझता है। मकड़ी की तरह लटकने के लिए अपने आप ही जाला बुनता है। जीवन का प्राथमिक प्रसन्न उल्लास मनुष्य के भविष्य में मंगल और सौभाग्य को आमंत्रित करता है। उससे उदासीन न होना चाहिए, महाराज!

शकराज : सौभाग्य और दुर्भाग्य मनुष्य की दुर्बलता के नाम हैं। मैं तो पुरुषार्थ को ही सबका नियामक समझता हूँ! पुरुषार्थ ही सौभाग्य को खींच लाता है। हाँ, मैं इस युद्ध के लिए उत्सुक नहीं था कोमा, मैं ही दिग्विजय के लिए नहीं निकला था।

कोमा : संसार के नियम के अनुसार आप अपने से महान् के सम्मुख थोड़ा-सा विनीत बनकर उस उपद्रव से अलग रह सकते थे।

शकराज : यही तो मुझसे नहीं हो सकता।

कोमा : अभावमयी लघुता में मनुष्य अपने को महत्त्वपूर्ण दिखाने का अभिनय न करे तो क्या अच्छा नहीं है?

शकराज : **(चिढ़कर)** यह शिक्षा अभी रहने दो कोमा, मैं किसी से बड़ा नहीं हूँ तो छोटा भी नहीं बनना चाहता। तुम अभी तक पाषाणी प्रतिमा की तरह वहीं खड़ी हो, मेरे पास आओ।

कोमा : पाषाणी! हाँ, राजा! पाषाणी के भीतर भी कितने मधुर स्रोत बहते रहते हैं। उनमें मदिरा नहीं, शीतल जल की धारा बहती है। प्यासों की तृप्ति...

शकराज : किन्तु मुझे तो इस समय स्फूर्ति के लिए एक प्याला मदिरा ही चाहिए :

कोमा : **(स्थिर दृष्टि से देखती हुई)** मैं ले आती हूँ। आप बैठिए।

(कोमा एक छोटा-सा मंच रख देती है और चली जाती है। शकराज मंच पर बैठ जाता है। खिंगल का प्रवेश)

शकराज : कहो जी, क्या समाचार है?

खिंगल : महाराज! मैंने उन्हें अच्छी तरह समझा दिया कि हम लोगों का अवरोध दृढ़ है। उन्हें दो में से एक करना ही होगा। या तो अपने प्राण दें अन्यथा मेरे सन्धि के नियमों को स्वीकार करें।

शकराज : **(उत्सुकता से)** तो वे समझ गए?

खिंगल : दूसरा उपाय ही क्या था! यह छोकड़ा रामगुप्त, समुद्रगुप्त की तरह दिग्विजय करने निकला था। उसे इन बीहड़ पहाड़ी घाटियों का परिचय नहीं मिला था। किन्तु सब बातों को समझकर

वह अपने नियमों को मानने के लिए बाध्य हुआ।

शकराज : (प्रसन्नता से उठकर दोनों हाथ पकड़ लेता है) ऐं! तुम सच कहते हो? मुझे आशा नहीं। क्या मेरा दूसरा प्रस्ताव भी रामगुप्त ने मान लिया?

(स्वर्ण के कलश में मदिरा लेकर कोमा चुपके से आकर पीछे खड़ी हो जाती है।)

खिंगल : हाँ महाराज! उसने माँगे हुए सब उपहारों को देना स्वीकार किया और ध्रुवस्वामिनी भी आपकी सेवा में शीघ्र ही उपस्थित होती है।

(कोमा चौंक उठती है और शकराज प्रसन्नता से खिंगल के हाथों को झकझोरने लगता है)

शकराज : खिंगल! तुमने कितना सुंदर समाचार सुनाया! आज देव-पुत्रों की स्वर्गीय आत्माएँ प्रसन्न होंगी। उनकी पराजयों का यह प्रतिशोध है। हम लोग गुप्तों की दृष्टि में जंगली, बर्बर और असभ्य हैं तो फिर मेरी प्रतिहिंसा ही बर्बरता के भी अनुकूल होगी। हाँ, मैंने अपने शूर-सामन्तों के लिए भी स्त्रियाँ माँगी थीं।

खिंगल : वे भी साथ ही आएँगी।

शकराज : तो फिर सोने की झाँझवाली नाच का प्रबन्ध करो। इस विजय का उत्सव मनाया जाय और मेरे सामन्तों का भी शीघ्र बुला लाओ।

(खिंगल का प्रस्थान। शकराज अपनी प्रसन्नता में उद्विग्न-सा इधर-उधर टहलने लगता है और कोमा अपना कलश लिए हुए धीरे-धीरे सिंहासन के पास जाकर खड़ी हो जाती है। चार सामन्तों का प्रवेश। दूसरी ओर से नर्तकियों का दल आता है। शकराज उनकी ओर ही देखता हुआ सिंहासन पर बैठ जाता है। सामन्त लोग उसके पैरों के नीचे सीढ़ियों पर बैठते हैं। नर्तकियाँ नाचती हुई गाती हैं)

गाना :

अस्ताचल पर युवती सन्ध्या की खुली अलक घुँघराली है।
लो, मानिक मदिरा की धारा अब बहने लगी निराली है।
भरी ली पहाड़ियों ने अपनी झीलों की रत्नमयी प्याली।
झुक चली चूमने बल्लरियों से लिपटी तरु की डाली है।
यह लगा पिघलने मानिनियों का हृदय मृदु-प्रणय-रोष भरा।
वे हँसती हुई दुलार-भरी मधु लहर उठाने वाली है।
भरने निकले हैं प्यार भरे जोड़े कुंजों की झुरमुट से।
इस मधुर अँधेरी में अब तक क्या इनकी प्याली खाली है।
भर उठीं प्यालियाँ, सुमनों ने सौरभ मकरन्द मिलाया है।
कामिनियों ने अनुराग-भरे अधरों से उन्हें लगा ली है।
वसुधा मदमाती हुई उधर आकाश लगा देखो झुकने।
सब झूम रहे अपने सुख में तूने क्यों बाधा डाली है।

(नर्तकियाँ जाने लगती हैं)

एक सामन्त : श्रीमान्! इतनी बड़ी विजय के अवसर पर इस सूखे उत्सव से सन्तोष नहीं होता, जबकि कलश सामने भरा हुआ रखा है।

शकराज : ठीक है, इन लोगों को केवल कहकर ही नहीं, प्यालियाँ भरकर भी देनी चाहिए।

(सब पीते हैं और नर्तकियाँ एक-एक को सानुरोध पान कराती हैं)

दूसरा सामन्त : श्रीमान् की आज्ञा मानने के अतिरिक्त दूसरी गति नहीं। उन्होंने समझ से काम

लिया, नहीं तो हम लोगों को इस रात की कालिमा में रक्त की लाली मिलानी पड़ती।

तीसरा सामन्त : क्यों बक-बक करते हो? चुपचाप इस बिना परिश्रम की विजय का आनन्द लो। लड़ना पड़ता तो सारी हेकड़ी भूल जाती।

दूसरा सामन्त : (क्रोध से लड़खड़ाता हुआ उठता है) हमसे!

तीसरा सामन्त : हाँ जी, तुमसे!

दूसरा सामन्त : तो फिर आओ, तुम्हीं से निपट लें। **(सब परस्पर लड़ने की चेष्टा कर रहे हैं। शकराज खिंगल को संकेत करता है। वह उन लोगों को बाहर लिवा जाता है। तूर्यनाद)**

शकराज : रात्रि के आगमन की सूचना हो गई। दुर्ग का द्वार अब शीघ्र ही बन्द होगा। अब तो हृदय अधीर हो रहा है। खिंगल!

(खिंगल का पुनः प्रवेश)

खिंगल : दुर्ग-तोरण में शिविकाएँ आ गई हैं।

शकराज : (गर्व से) तब विलम्ब क्यों? उन्हें अभी ले आओ।

खिंगल : (सविनय) किन्तु रानी की एक प्रार्थना है।

शकराज : क्या?

खिंगल : वह पहले केवल श्रीमान् से ही सीधे भेंट करना चाहती हैं। उसकी मर्यादा...

शकराज : (ठठाकर हँसते हुए) क्या कहा मर्यादा! भाग्य ने झुकने के लिए जिन्हें विवश कर दिया है, उन लोगों के मन में मर्यादा का ध्यान और भी अधिक रहता है। यह उनकी दयनीय दशा है।

खिंगल : वह श्रीमान् की रानी होने के लिए आ रही हैं।

शकराज : (हँसकर) अच्छा, तुम मध्यस्थ हो न! तुम्हारी बात मानकर मैं उससे एकान्त में ही भेंट करूँगा! जाओ।

(खिंगल का प्रस्थान)

कोमा : महाराज! मुझे क्या आज्ञा है

शकराज : (चौंककर) अरे, तुम अभी यहीं खड़ी हो? मैं तो जैसे भूल ही गया था। हृदय चंचल हो रहा है। मेरे समीप आओ, कोमा!

कोमा : नयी रानी के आगमन की प्रसन्नता से

शकराज : (सँभलकर) नई रानी का आना क्या तुम्हें अच्छा नहीं लगा, कोमा?

कोमा : (निर्विकार भाव से) संसार में बहुत-सी बातें बिना अच्छी हुए भी अच्छी लगती हैं, और बहुत-सी अच्छी बातें बुरी मालूम पड़ती हैं।

शकराज : (झुँझलाकर) तुम तो आचार्य मिहिरदेव की तरह दार्शनिकों की-सी बातें कर रही हो।

कोमा : वे मेरे पिता-तुल्य हैं, उन्हीं की शिक्षा में मैं पली हूँ। हाँ, ठीक है, जो बातें राजा को अच्छी लगें, वे ही मुझे भी रुचनी ही चाहिएँ।

शकराज : (अव्यवस्थित होकर) अच्छा, तुम इतनी अनुभूतिमयी हो, यह मैं आज जान सका।

कोमा : राजा, तुम्हारी स्नेह-सूचनाओं की सहज प्रसन्नता और मधुर अलापों ने जिस दिन मन के नीरस और नीरव शून्य में संगीत की, वसन्त की और मकरन्द की सृष्टि की थी, उसी दिन से मैं

अनुभूतिमयी बन गयी हूँ। क्या वह मेरा भ्रम था? कह दो - कह दो कि वह तेरी भूल थी।

(उत्तेजित कोमा सिर उठाकर राजा से आँख मिलाती है)

शकराज : (संकोच से) नहीं कोमा, वह भ्रम नहीं था। मैं सचमुच तुम्हें प्यार करता हूँ।

कोमा : (उसी तरह) तब भी यह बात?

शकराज : (सशंक) कौन-सी बात?

कोमा : वही, जो आज होने जा रही है! मेरे राजा! आज तुम एक स्त्री को अपने पति से विच्छिन्न कराकर अपने गर्व की तृप्ति के लिए कैसा अनर्थ कर रहे हो?

शकराज : (बात उड़ाते हुए, हँसकर) पागल कोमा! वह मेरी राजनीति का प्रतिशोध है।

कोमा : (दृढ़ता से) किन्तु राजनीति का प्रतिशोध क्या एक नारी को कुचले बिना नहीं हो सकता?

शकराज : जो विषय न समझ में आवे, उस पर विवाद न करो।

कोमा : (खिन्न होकर) मैं क्यों न करूँ? **(ठहरकर)** किन्तु नहीं, मुझे विवाद करने का अधिकार नहीं। यह मैं समझ गयी।

(वह दुःखी होकर जाना चाहती है कि दूसरी ओर से मिहिरदेव का प्रवेश।)

शकराज : (सम्भ्रम से खड़ा होकर) धर्मपूज्य! मैं वन्दना करता हूँ।

मिहिरदेव : कल्याण हो! **(कोमा के सिर पर हाथ रखकर)** बेटी! मैं तो तुमको ही देखने चला आया। तू उदास क्यों है

(शकराज की ओर मूक दृष्टि से देखने लगता है)

शकराज : आचार्य! रामगुप्त का दर्प दलन करने के लिए मैंने धुवस्वामिनी को उपहार में भेजने की आज्ञा उसे दी थी। आज रामगुप्त की रानी मेरे दुर्ग में आई है। कोमा को इसमें आपत्ति है।

मिहिरदेव : (गम्भीरता से) ऐसे काम में तो आपत्ति होनी ही चाहिए, राजा! स्त्री का सम्मान नष्ट करके तुम जो भयानक अपराध करोगे, उसका फल क्या अच्छा होगा? और भी, यह अपनी भावी पत्नी के प्रति तुम्हारा अत्याचार होगा।

शकराज : (क्षोभ से) भावी पत्नी?

मिहिरदेव : अरे, क्या तुम इस क्षणिक सफलता से प्रमत्त हो जाओगे? क्या तुमने अपने आचार्य की प्रतिपालिता कुमारी के साथ स्नेह का सम्बन्ध नहीं स्थापित किया है? क्या इसमें भी सन्देह है? राजा! स्त्रियों का स्नेह-विश्वास भंग कर देना, कोमल तन्तु को तोड़ने से भी सहज है; परन्तु सावधान होकर उसके परिणाम को भी सोच लो।

शकराज : मैं समझता हूँ कि आप मेरे राजनीतिक कामों में हस्तक्षेप न करें तो अच्छा हो।

मिहिरदेव : राजनीति! राजनीति ही मनुष्यों के लिए सब कुछ नहीं है। राजनीति के पीछे नीति से भी हाथ न धो बैठो, जिसका विश्व मानव के साथ व्यापक सम्बन्ध है। राजनीति की साधारण छलनाओं से सफलता प्राप्त करके क्षण-भर के लिए तुम अपने को चतुर समझने की भूल कर सकते हो, परन्तु इस भीषण संसार में एक प्रेम करने वाले हृदय को खो देना, सबसे बड़ी हानि है शकराज! दो प्यार करने वाले हृदयों के बीच में स्वर्गीय ज्योति का निवास है।

शकराज : बस, बहुत हो चुका। आपके महत्त्व की भी कोई सीमा होगी। अब आप यहाँ से नहीं जाते हैं, तो मैं ही चला जाता हूँ।

(प्रस्थान)

मिहिरदेव : चल कोमा! हम लोगों को लताओं, वृक्षों और चट्टानों से छाया और सहानुभूति मिलेगी। इस दुर्ग से बाहर चल।

कोमा : (गद्गद् कण्ठ से) पिता जी! **(खड़ी रहती है)**

मिहिरदेव : बेटी! हृदय को सँभाल। कष्ट सहन करने के लिए प्रस्तुत हो जा। प्रतारणा में बड़ा मोह होता है। उसे छोड़ने को मन नहीं करता। कोमा! छल का बहिरंग सुन्दर होता है : विनीत और आकर्षक भी; पर दुखदायी और हृदय को बेधने के लिए इस बन्धन को तोड़ डाल।

कोमा : (सकरुण) तोड़ डालूँ पिता जी! मैंने जिसे अपने आँसुओं से सींचा, वही दुलारभरी वल्लरी, मेरे आँख बन्द कर चलने में मेरे ही पैरों से उलझ गई है। दे दूँ एक झटका - उसकी हरी-हरी पत्तियाँ कुचल जाएँ और वह छिन्न होकर धूल में लोटने लगे? न, ऐसी कठोर आज्ञा न दो।

मिहिरदेव : (निःश्वास लेकर आकाश को देखते हुए) यहाँ तेरी भलाई होती, तो मैं चलने के लिए न कहता। हम लोग अखरोट की छाया में बैठेंगे - झरनों के किनारे, दाख के कुंजों में विश्राम करेंगे। जब नीले आकाश में मेघों के टुकड़े, मानसरोवर जाने वाले हंसों का अभिनय करेंगे, तब तू अपनी तकली पर ऊन कातती हुई कहानी कहेगी और मैं सुनूँगा।

कोमा : तो चलूँ! **(एक बार चारों ओर देखकर)** एक घड़ी के लिए मुझे...

मिहिरदेव : (ऊबकर आकाश की ओर देखता हुआ) तू नहीं मानती। वह देख, नील लोहित रंग का धूमकेतु अविचल भाव से इस दुर्ग की ओर कैसा भयानक संकेत कर रहा है।

कोमा : (उधर देखते हुए) तब एक क्षण मुझे...

मिहिरदेव : पागल लड़की! अच्छा, मैं फिर आऊँगा। तू सोच ले, विचार कर ले **(जाता है)**।

कोमा : जाना ही होगा! तब यह मन की उलझन क्यों? अमंगल का अभिशाप अपनी क्रूर हँसी से इस दुर्ग को कँपा देगा, और सुख के स्वप्न विलीन हो जाएँगे। मेरे यहाँ रहने से उन्हें अपने भावों को छिपाने के लिए बनावटी व्यवहार करना होगा; पग-पग पर अपमानित होकर मेरा हृदय उसे सह न सकेगा। तो चलूँ! यही ठीक है! पिताजी! ठहरिए, मैं आती हूँ।

शकराज : (प्रवेश करके) कोमा!

कोमा : जाती हूँ, राजा!

शकराज : (भयभीत होकर उसे देखता हुआ) ओह! भयावनी पूँछ वाला धूमकेतु! आकाश का उच्छृङ्खल पर्यटक! नक्षत्र लोक का अभिशाप! कोमा! आचार्य को बुलाओ। वे जो आदेश देंगे वही मैं करूँगा। इस अमंगल की शान्ति होनी चाहिए।

कोमा : वे बहुत चिढ़ गए हैं। अब उनको प्रसन्न करना सहज नहीं है। वे मुझे अपने साथ लिवा जाने के लिए मेरी प्रतीक्षा करते होंगे।

शकराज : कोमा! पिताजी के साथ...।

कोमा : पिताजी के साथ।

शकराज : और मेरा प्यार, मेरा स्नेह, सब भुला दोगी? इस अमंगल की शान्ति करने के लिए आचार्य को न समझाओगी?

कोमा : (खिन्न होकर) प्रेम का नाम न लो। वह एक पीड़ा थी जो छूट गई। उसकी कसक भी धीरे-धीरे दूर हो जाएगी। राजा, मैं तुम्हें प्यार नहीं करती। मैं तो दर्प से दीप्त तुम्हारी महत्त्वमयी पुरुष-मूर्ति की पुजारिन थी, जिसमें पृथ्वी पर अपने पैरों से खड़े रहने की दृढ़ता थी। इस स्वार्थ-मलिन कलुष से भरी मूर्ति से मेरा परिचय नहीं। अपने तेज की अग्नि में जो सब कुछ भस्म कर सकता हो,

उसे दृढ़ता का आकाश के नक्षत्र कुछ बना-बिगाड़ नहीं सकते। तुम आशंका मात्र से दुर्बल-कम्पित और भयभीत हो।

शकराज : *(धूमकेतु को बार-बार देखता हुआ)* भयानक! कोमा, मुझे बचाओ!

कोमा : जाती हूँ महाराज! पिताजी मेरी प्रतीक्षा करते होंगे।

(जाती है। शकराज अपने सिंहासन पर हताश होकर बैठ जाता है।)

प्रहरी : *(प्रवेश करके)* महाराज! ध्रुवस्वामिनी ने पूछा है कि एकान्त हो तो आऊँ।

शकराज : हाँ, कह दो कि यहाँ एकान्त है। और देखो, यहाँ दूसरा कोई न आने पावे।

(प्रहरी जाता है। शकराज चंचल होकर टहलने लगता है। धूमकेतु की ओर दृष्टि जाती है तो भयभीत होकर बैठ जाता है।)

शकराज : तो इसका कोई उपाय नहीं? न जाने क्यों मेरा हृदय घबरा रहा है। कोमा को समझा-बुझाकर ले आना चाहिए। **(सोचकर)** किन्तु इधर ध्रुवस्वामिनी जो आ रही है! तो भी देखूँ यदि कोमा प्रसन्न हो जाय... **(जाता है)।**

(स्त्री-वेश में चन्द्रगुप्त आगे और पीछे ध्रुवस्वामिनी स्वर्ण-खचित उत्तरीय में सब अंग छिपाए हुए आती है। केवल खुले हुए मुँह पर प्रसन्न चेष्टा दिखाई देती है।)

चन्द्रगुप्त : तुम आज कितनी प्रसन्न हो!

ध्रुवस्वामिनी : और तुम क्या नहीं?

चन्द्रगुप्त : मेरे जीवन-निशीथ का ध्रुव-नक्षत्र इस घोर अन्धकार में अपनी स्थिर उज्ज्वलता से चमक रहा है। आज महोत्सव है न?

ध्रुवस्वामिनी : लौट जाओ, इस तुच्छ नारी-जीवन के लिए इतने महान् उत्सर्ग की आवश्यकता नहीं।

चन्द्रगुप्त : देवि! यह तुम्हारा क्षणिक मोह है। मेरी परीक्षा न लो। मेरे शरीर ने चाहे जो रूप धारण किया हो, किन्तु हृदय निश्छल है।

ध्रुवस्वामिनी : अपनी कामना की वस्तु न पाकर यह आत्महत्या-जैसा प्रसंग तो नहीं है।

चन्द्रगुप्त : तीखे वचनों से मर्माहत करके भी आज कोई मुझे इस मृत्यु-पक्ष से विमुख नहीं कर सकता। मैं केवल अपना कर्त्तव्य करूँ, इसी में मुझे सुख है। **(ध्रुवस्वामिनी संकेत करती है। शकराज का प्रवेश। दोनों चुप हो जाते हैं। वह दोनों को चकित होकर देखता है।)**

शकराज : मैं किसको रानी समझूँ? रूप का ऐसा तीव्र आलोक!... नहीं, मैंने कभी नहीं देखा था। इसमें कौन ध्रुवस्वामिनी है?

ध्रुवस्वामिनी : यह मैं आ गई हूँ।

चन्द्रगुप्त : *(हँसकर)* शकराज को तुम धोखा नहीं दे सकती हो। ध्रुवस्वामिनी कौन है? यह एक अन्धा भी बता सकता है।

ध्रुवस्वामिनी : *(आश्चर्य से)* चन्द्रे! तुमको क्या हो गया है? यहाँ आने पर तुम्हारी इच्छा रानी बनने की हो गई है? या मुझे शकराज से बचा लेने के लिए यह तुम्हारी स्वामिभक्ति है?

(शकराज चकित होकर दोनों की ओर देखता है)

चन्द्रगुप्त : कौन जाने तुम्हीं ऐसा कर रही हो?

ध्रुवस्वामिनी : चन्द्रे! तुम मुझे दोनों ओर से नष्ट न करो। यहाँ से लौट जाने पर भी क्या मैं गुप्तकुल के अन्तःपुर में रह पाऊँगी?

चन्द्रगुप्त : चन्द्रे कहकर मुझको पुकारने से क्या तात्पर्य है? यह अच्छा झगड़ा तुमने फैलाया। इसीलिए मैंने एकान्त में मिलने की प्रार्थना की थी।

ध्रुवस्वामिनी : तो क्या मैं यहाँ भी छली जाऊँगी

शकराज : ठहरो, **(दोनों को ध्यान से देखता हुआ)** क्या चिन्ता यदि मैं दोनों को ही रानी समझ लूँ

ध्रुवस्वामिनी : ऐं...

चन्द्रगुप्त : हैं...

शकराज : क्यों, इसमें क्या बुरी बात है

चन्द्रगुप्त : जी नहीं, यह नहीं हो सकता। ध्रुवस्वामिनी कौन है, पहले इसका निर्णय होना चाहिए।

ध्रुवस्वामिनी : **(क्रोध से)** चन्द्रे! मेरे भाग्य के आकाश में धूमकेतु-सी अपनी गति बन्द करो।

शकराज : **(धूमकेतु की ओर देखकर भयभीत-सा)** ओह भयानक!

(व्यग्र भाव से टहलने लगता है।)

चन्द्रगुप्त : **(शकराज की पीठ पर हाथ रखकर)** सुनिए...

ध्रुवस्वामिनी : चन्द्रे!

चन्द्रगुप्त : इस धमकी से कोई लाभ नहीं।

ध्रुवस्वामिनी : तो फिर मेरा और तुम्हारा जीवन-मरण साथ ही होगा।

चन्द्रगुप्त : तो डरता कौन है? **(दोनों ही शीघ्र कटार निकाल लेते हैं)**

शकराज : **(घबराकर)** हैं, यह क्या तुम लोग क्या कर रहे हो? ठहरो आचार्य ने ठीक कहा है, आज शुभ मुहूर्त नहीं। मैं कल विश्वसनीय व्यक्ति को बुलाकर इसका निश्चय कर लूँगा। आज तुम लोग विश्राम करो।

ध्रुवस्वामिनी : नहीं, इसका निश्चय तो आज ही होना चाहिए।

शकराज : **(बीच में खड़ा होकर)** मैं कहता हूँ न।

चन्द्रगुप्त : वाह रे कहने वाले!

(ध्रुवस्वामिनी मानो चन्द्रगुप्त के आक्रमण से भयभीत होकर पीछे हटती है और तूर्यनाद करती है। शकराज आश्चर्य से उसे सुनता हुआ सहसा घूमकर चन्द्रगुप्त का हाथ पकड़ लेता है। ध्रुवस्वामिनी झटके से चन्द्रगुप्त का उत्तरीय खींच लेती है और चन्द्रगुप्त हाथ छुड़ाकर शकराज को घेर लेता है)

शकराज : **(चकित-सा)** ऐं, यह तुम कौन प्रवंचक?

चन्द्रगुप्त : मैं हूँ चन्द्रगुप्त, तुम्हारा काल। मैं अकेला आया हूँ, तुम्हारी वीरता की परीक्षा लेने। सावधान!

**(शकराज भी कटार निकालकर युद्ध के लिए अग्रसर होता है। युद्ध और शकराज की मृत्यु। बाहर दुर्ग में कोलाहल। 'ध्रुवस्वामिनी की जय' का हल्ला मचाते हुए रक्तारक्त कलेवर सामन्त-कुमारों का प्रवेश। ध्रुवस्वामिनी और चन्द्रगुप्त को घेरकर समवेत स्वर से

'ध्रुवस्वामिनी की जय हो!')

(पटाक्षेप)

तृतीय अंक

(शक-दुर्ग के भीतर एक प्रकोष्ठ। तीन मंचों में दो खाली और एक पर ध्रुवस्वामिनी पादपीठ के ऊपर बाएँ पैर पर दाहिना पैर रखकर अधरों से उँगली लगाए चिन्ता में निमग्न बैठी है। बाहर कुछ कोलाहल होता है।)

सैनिक : (प्रवेश करके) महादेवी की जय हो!

ध्रुवस्वामिनी : (चौंककर) क्या!

सैनिक : विजय का समाचार सुनकर राजाधिराज भी दुर्ग में आ गए हैं। अभी तो वे सैनिकों से बातें कर रहे हैं। उन्होंने पूछा है, महादेवी कहाँ हैं? आपकी जैसी आज्ञा हो, क्योंकि कुमार ने कहा है... !

ध्रुवस्वामिनी : क्या कहा है? यही न कि मुझसे पूछकर राजा यहाँ आने पावें? ठीक है, अभी मैं बहुत थकी हूँ। **(सैनिक जाने लगता है, उसे रोककर)** और सुनो तो! तुमने यह नहीं बताया कि कुमार के घाव अब कैसे हैं?

सैनिक : घाव चिन्ताजनक नहीं हैं। उन पर पट्टियाँ बँध चुकी हैं। कुमार प्रधान-मंडप में विश्राम कर रहे हैं।

ध्रुवस्वामिनी : अच्छा जाओ। **(सैनिक का प्रस्थान)**

मन्दाकिनी : (सहसा प्रवेश करके) भाभी! बधाई है। **(जैसे भूलकर गई हो)** नहीं, नहीं! महादेवी, क्षमा कीजिए।

ध्रुवस्वामिनी : मन्दा! भूल से ही तुमने आज एक प्यारी बात कह दी। उसे क्या लौटा लेना चाहती हो? आह! यदि वह सत्य होती?

(पुरोहित का प्रवेश)

मन्दाकिनी : क्या इसमें भी सन्देह है?

ध्रुवस्वामिनी : मुझे तो सन्देह का इन्द्रजाल ही दिखाई पड़ रहा है। मैं न तो महादेवी हूँ और न तुम्हारी भाभी **(पुरोहित को देखकर चुप हो जाती है)।**

पुरोहित : (आश्चर्य से इधर-उधर देखता हुआ) तब मैं क्या करूँ?

मन्दाकिनी : क्यों, आपको कुछ कहना है क्या?

पुरोहित : ऐसे उपद्रवों के बाद शान्तिकर्म होना आवश्यक है। इसीलिए मैं स्वस्त्ययन करने आया था; किन्तु आप तो कहती हैं कि मैं महादेवी ही नहीं हूँ।

ध्रुवस्वामिनी : (तीखे स्वर में) पुरोहित जी! मैं राजनीति नहीं जानती; किन्तु इतना समझती हूँ कि जो रानी शत्रु के लिए उपहार में भेज दी जाती है, वह महादेवी की उच्च पदवी से पहले ही वंचित हो गई होगी।

मन्दाकिनी : किन्तु आप तो भाभी होना भी अस्वीकार करती हैं।

धुवस्वामिनी : भाभी कहने का तुम्हें रोग हो तो कह लो। क्योंकि इन्हीं पुरोहितजी ने उस दिन कुछ मन्त्रों को पढ़ा था। उस दिन के बाद मुझे कभी राजा से सरल सम्भाषण करने का अवसर ही न मिला। हाँ, न जाने मेरे किस अपराध पर सन्दिग्ध-चित्त होकर उन्होंने जब मुझे निर्वासित किया, तभी मैंने अपने स्त्री होने के अधिकार की रक्षा की भीख माँगी थी। वह भी न मिली और में बलि-पशु की तरह, अकरुण आज्ञा की डोरी में बँधी हुई शकदुर्ग में भेज दी गई। तब भी तुम मुझे भाभी कहना चाहती हो?

मन्दाकिनी : (सिर झुकाकर) यह गर्हित और ग्लानि-जनक प्रसंग है।

पुरोहित : यह मैं क्या सुन रहा हूँ? मुझे तो यह जानकर प्रसन्नता हुई थी कि वीर रमणी की तरह अपने साहस के बल पर महादेवी ने इस दुर्ग पर अपना अधिकार किया है।

धुवस्वामिनी : आप झूठ बोलते हैं।

पुरोहित : (आश्चर्य से) मैं और झूठ!

धुवस्वामिनी : हाँ; आप और झूठ, नहीं, स्वयं आप ही मिथ्या है।

पुरोहित : (हँसकर) क्या आप वेदान्त की बात कहती हैं? तब तो संसार मिथ्या है ही।

धुवस्वामिनी : (क्रोध से) संसार मिथ्या है या नहीं, यह तो मैं नहीं जानती, परन्तु आप, आपका कर्मकाण्ड और आपके शास्त्र क्या सत्य हैं, जो सदैव रक्षणीया स्त्री की यह दुर्दशा हो रही है?

पुरोहित : (मन्दाकिनी से) बेटी! तुम्हीं बताओ, यह मेरा भ्रम है या महादेवी का रोष!

धुवस्वामिनी : रोष है, हाँ, में रोष से जली जा रही हूँ। इतना बड़ा उपहास - धर्म के नाम पर स्त्री-आज्ञाकारिता की यह पैशाचिक परीक्षा मुझसे बलपूर्वक ली गई है। पुरोहित! तुमने जो मेरा राक्षस-विवाह कराया है, उसका उत्सव भी कितना सुन्दर है! यह जन संहार देखो, अभी उस प्रकोष्ठ में रक्त सनी हुई शकराज की लोथ पड़ी होगी। कितने ही सैनिक दम तोड़ते होंगे, और इस रक्तधारा में तिरती हुई मैं राक्षसी-सी साँस ले रही हूँ। तुम्हारा स्वस्त्ययन मुझे शान्ति देगा?

मन्दाकिनी : आर्य! आप बोलते क्यों नहीं? आप धर्म के नियामक हैं। जिन स्त्रियों को धर्म-बन्धन में बाँधकर, उनकी सम्मति के बिना आप उनका सब अधिकार छीन लेते हैं, तब क्या धर्म के पास कोई प्रतिकार - कोई संरक्षण नहीं रख छोड़ते, जिससे वे स्त्रियाँ अपनी आपत्ति में अवलम्ब माँग सकें? क्या भविष्य के सहयोग की कोरी कल्पना से उन्हें आप सन्तुष्ट रहने की आज्ञा देकर विश्राम ले लेते हैं?

पुरोहित : नहीं, स्त्री और पुरुष का परस्पर विश्वासपूर्ण अधिकार रक्षा और सहयोग ही तो विवाह कहा जाता है। यदि ऐसा न हो तो धर्म और विवाह खेल है।

धुवस्वामिनी : खेल हो या न हो, किन्तु एक क्लीव पति के द्वारा परित्यक्ता नारी का मृत्युमुख में जाना ही मंगल है। उसे स्वस्त्ययन और शान्ति की आवश्यकता नहीं।

पुरोहित : (आश्चर्य से) यह मैं क्या सुन रहा हूँ? विश्वास नहीं होता। यदि ये बातें सत्य हैं, तब तो मुझे फिर से एक बार धर्मशास्त्र को देखना पड़ेगा। (प्रस्थान)

(मिहिरदेव के साथ कोमा का प्रवेश)

धुवस्वामिनी : तुम लोग कौन हो?

कोमा : मैं पराजित शक-जाति की एक बालिका हूँ।

धुवस्वामिनी : और...

कोमा : और मैंने प्रेम किया था।

ध्रुवस्वामिनी : इस घोर अपराध का तुम्हें क्या दंड मिला?

कोमा : वही, जो स्त्रियों का प्रायः मिला करता है-निराशा! निष्पीड़न! और उपहास!! रानी, मैं तुमसे भीख माँगने आई हूँ।

ध्रुवस्वामिनी : शत्रुओं के लिए मेरे पास कुछ नहीं है। अधिक हठ करने पर दण्ड मिलना भी असम्भव नहीं।

मिहिरदेव : (दीर्घ निःश्वास लेकर) पागल लड़की, हो चुका न? अब भी तू न चलेगी?

(कोमा सिर झुका लेती है)

मन्दाकिनी : तुम चाहती क्या हो?

कोमा : रानी, तुम भी स्त्री हो। क्या स्त्री का व्यथा न समझोगी? आज तुम्हारी विजय का अन्धकार तुम्हारे शाश्वत स्त्रीत्व को ढँक ले, किन्तु सबके जीवन में एक बार प्रेम की दीपावली जलती है। जली होगी अवश्य। तुम्हारे भी जीवन में वह आलोक का महोत्सव आया होगा, जिसमें हृदय, हृदय को पहचानने का प्रयत्न करता है, उदार बनता है और सर्वस्व दान करने का उत्साह रखता है। मुझे शकराज का शव चाहिए।

ध्रुवस्वामिनी : (सोचकर) जलो, प्रेम के नाम पर जलना चाहती हो तो तुम उस शव को ले जाकर जलो, जीवित रहने पर मालूम होता है कि तुम्हें अधिक शीतलता मिल चुकी है। अवश्य तुम्हारा जीवन धन्य है। (सैनिक से) इसे ले जाने दो।

(कोमा का प्रस्थान)

मन्दाकिनी : स्त्रियों के इस बलिदान का भी कोई मूल्य नहीं। कितनी असहाय दशा है। अपने निर्बल और अवलम्बन खोजने वाले हाथों से यह पुरुषों के चरणों को पकड़ती हैं और वह सदैव ही इनको तिरस्कार, घृणा और दुर्दशा की भिक्षा से उपकृत करता है। तब भी यह बावली मानती है

ध्रुवस्वामिनी : भूल है - भ्रम है। (ठहरकर) किन्तु उसका कारण भी है। पराधीनता की एक परम्परा-सी उनकी नस-नस में - उनकी चेतना में न जाने किस युग से घुस गई है। उन्हें समझकर भी भूल करनी पड़ती है। क्या वह मेरी भूल न थी - जब मुझे निर्वासित किया गया, तब मैं अपनी आत्म-मर्यादा के लिए कितनी तड़प रही थी और राजाधिराज रामगुप्त के चरणों में रक्षा के लिए गिरी, पर कोई उपाय चला नहीं। पुरुषों की प्रभुता का जाल मुझे अपने निर्दिष्ट पथ पर ले ही आया। मन्दा! दुर्ग की विजय मेरी सफलता है या मेरा दुर्भाग्य, इसे मैं नहीं समझ सकी हूँ। राजा से मैं सामना करना नहीं चाहती। पृथ्वीतल से जैसे एक साकार घृणा निकलकर मुझे अपने पीछे लौट चलने का संकेत कर रही है। क्यों, क्या यह मेरे मन का कलुष है? क्या मैं मानसिक पाप कर रही हूँ?

(उन्मत्त भाव से प्रस्थान)

मन्दाकिनी : नारी हृदय, जिसके मध्य-विन्द से हटकर, शास्त्र का एक मन्त्र, कील की तरह गड़ गया है और उसे अपने सरल प्रवर्तन-चक्र में घूमने से रोक रहा है, निश्चय ही वह कुमार चन्द्रगुप्त की अनुरागिनी है।

चन्द्रगुप्त : (सहसा प्रवेश करके) कौन? मन्दा!

मन्दाकिनी : अरे कुमार! अभी थोड़ा विश्राम करते।

चन्द्रगुप्त : (बैठते हुए) विश्राम! मुझे कहाँ विश्राम? मैं अभी यहाँ से प्रस्थान करने वाला हूँ। मेरा कर्तव्य पूर्ण हो चुका। अब यहाँ मेरा ठहरना अच्छा नहीं।

मन्दाकिनी : किन्तु भाभी की जो बुरी दशा है।

चन्द्रगुप्त : क्यों, उन्हें क्या हुआ? **(मन्दाकिनी चुप रहती है)** बोलो, मुझे अवकाश नहीं! राजाधिराज का सामना होते ही क्या हो जाएगा - मैं नहीं कह सकता। क्योंकि अब यह राजनीतिक छल-प्रपंच मैं नहीं सह सकता।

मन्दाकिनी : किन्तु उन्हें इस असहाय अवस्था में छोड़कर आपका जाना क्या उचित होगा और... **(चुप रह जाती है)**

चन्द्रगुप्त : और क्या... वह क्यों नहीं कहती हो?

मन्दाकिनी : तो क्या उसे भी कहना होगा? महादेवी बनने के पहले ध्रुवस्वामिनी का जो मनोभाव था, वह क्या आपसे छिपा है?

चन्द्रगुप्त : किन्तु मन्दाकिनी! उसकी चर्चा करने से क्या लाभ?

मन्दाकिनी : हृदय में नैतिक साहस - वास्तविक प्रेरणा और पौरुष की पुकार एकत्र करके सोचिए तो कुमार, कि अब आपको क्या करना चाहिए **(चन्द्रगुप्त चिन्तित भाव से टहलने लगता है। नेपथ्य में कुछ लोगों के आने-जाने का शब्द और कोलाहल)** देखूँ तो यह क्या है और महादेवी कहाँ गयीं? **(प्रस्थान)**

चन्द्रगुप्त : विधान की स्याही का एक बिन्द गिरकर भाग्य-लिपि पर कालिमा चढ़ा देता है। मैं आज यह स्वीकार करने सें भी संकुचित हो रहा हूँ कि ध्रुवस्वामिनी मेरी है। **(ठहरकर)** हाँ, वह मेरी है, उसे मैंने आरम्भ से ही अपनी सम्पूर्ण भावना से प्यार किया है। मेरे हृदय के गहन अन्तस्थल से निकली हुई यह मूक स्वीकृति आज बोल रही है। मैं पुरुष हूँ? नहीं, मैं अपनी आँखों से अपना वैभव और अधिकार दूसरों को अन्याय से छीनते देख रहा हूँ और मेरी वाग्दत्ता पत्नी मेरे ही अनुत्साह से आज मेरी नहीं रही। नहीं, यह शील का कपट, मोह और प्रवंचना है। मैं जो हूँ, वही तो नहीं स्पष्ट रूप से प्रकट कर सका। यह कैसी विडम्बना है! विनय के आवरण में मेरी कायरता अपने को कब तक छिपा सकेगी?

(एक ओर से मन्दाकिनी का प्रवेश)

मन्दाकिनी : शकराज का शव लेकर जाते हुए आचार्य और उसकी कन्या का राजाधिकार के साथी सैनिकों ने वध कर डाला!

ध्रुवस्वामिनी : (दूसरी ओर से प्रवेश करके) ऐं!

(सामन्त-कुमारों का प्रवेश)

सामन्त कुमार : (सब एक साथ ही) स्वामिनी! आपकी आज्ञा के विरुद्ध राजाधिकार ने निरीह शकों का संहार करवा दिया है।

ध्रुवस्वामिनी : फिर आप लोग इतने चंचल क्यों हैं? राजा को आज्ञा देनी चाहिए और प्रजा को नत-मस्तक होकर उसे मानना होगा।

सामन्त कुमार : किन्तु अब वह असह्य है। राजसत्ता के अस्तित्व की घोषणा के लिए इतना भयंकर प्रदर्शन! मैं तो कहूँगा, इस दुर्ग में, आपकी आज्ञा के बिना राजा का आना अन्याय है।

ध्रुवस्वामिनी : मेरे वीर सहायको! मैं तो स्वयं एक परित्यक्ता और हतभागिनी स्त्री हूँ। मुझे तो अपनी स्थिति की कल्पना से भी क्षोभ हो रहा है। मैं क्या कहूँ?

सामन्त-कुमार : मैं सच कहता हूँ, रामगुप्त जैसे राजपद को कलुषित करने वाले के लिए मेरे हृदय में तनिक भी श्रद्धा नहीं। विजय का उत्साह दिखाने यहाँ वे किस मुँह से आए, जो हिंसक,

पाखण्डी, क्षीव और क्लीव हैं।

रामगुप्त : (सहसा शिखरस्वामी के साथ प्रवेश करके) क्या कहा? फिर से तो कहना!

सामन्त कुमार : गुप्त-काल के गौरव का कलंक-कालिमा के सागर में निमज्जित करने वाले...!

शिखरस्वामी : (उसे बीच में ही रोककर) चुप रहो! क्या तुम लोग किसी के बहकाने से आवेश में आ गए हो? (चन्द्रगुप्त की ओर देखकर) कुमार! यह क्या हो रहा है?

(चन्द्रगुप्त उत्तर देने की चेष्टा करके चुप रह जाता है।)

रामगुप्त : दुर्विनीत, पाखण्डी, पामरो! तुम्हें इस धृष्टता का क्रूर दण्ड भोगना पड़ेगा। (नेपथ्य की ओर देखकर) इन विद्रोहियों को वंदी करो।

(रामगुप्त के सैनिक आकर सामान्त-कुमारों को बन्दी बनाते हैं। रामगुप्त का संकेत पाकर सैनिक लोग चन्द्रगुप्त की ओर भी बढ़ते हैं और चन्द्रगुप्त शृंखला में बँध जाता है।)

ध्रुवस्वामिनी : कुमार! मैं कहती हूँ कि तुम प्रतिवाद करो। किस अपराध के लिए यह दण्ड ग्रहण कर रहे हो?

(चन्द्रगुप्त एक दीर्घ निःश्वास लेकर चुप रह जाता है)

रामगुप्त : (हँसकर) कुचक्र करने वाले क्या बोलेंगे?

ध्रुवस्वामिनी : और जो लोग बोल सकते हैं; जो अपनी पवित्रता की दुन्दभी बजाते हैं, वे सब-के-सब साधु होते हैं न? (चन्द्रगुप्त से) कुमार! तुम्हारी जिह्वा पर कोई बन्धन नहीं। कहते क्यों नहीं कि मेरा यही अपराध है कि मैंने कोई अपराध नहीं किया?

रामगुप्त : महादेवी!

ध्रुवस्वामिनी : (उसे न सुनते हुए चन्द्रगुप्त से) झटक दो इन लौह-शृंखलाओं को! यह मिथ्या ढोंग कोई नहीं सहेगा। तुम्हारा क्रुद्ध दुर्दैव भी नहीं।

रामगुप्त : (डाँटकर) महादेवी! चुप रहो!

ध्रुवस्वामिनी : (तेजस्विता से) कौन महादेवी! राजा, क्या अब भी मैं महादेवी ही हूँ? जो शाकराज की शय्या के लिए क्रीतदासी की तरह भेजी गई हो, वह भी महादेवी! आश्चर्य!

शिखरस्वामी : देवि, इस राजनीतिक चातुरी में जो सफलता...

ध्रुवस्वामिनी : (पैर पटककर) चुप रहो प्रवंचना के पुतले! स्वार्थ से घृणित प्रपंच! चुप रहो।

रामगुप्त : तो तुम महादेवी नहीं हो न?

ध्रुवस्वामिनी : नहीं! मनुष्य की दी हुई मैं उपाधि लौटा देती हूँ।

रामगुप्त : और मेरी सहधर्मिणी?

ध्रुवस्वामिनी : धर्म ही इसका निर्णय करेगा।

रामगुप्त : ऐं, क्या इसमें भी सन्देह!

ध्रुवस्वामिनी : उसे अपने हृदय से पूछिए कि क्या मैं वास्तव में सहधर्मिणी हूँ?

(पुरोहित का प्रवेश। सामने सबको देखकर चौंक उठता है। शिखरस्वामी चले जाने का सङ्केत करता है।)

पुरोहित : नहीं, मैं नहीं जाऊँगा। प्राणि-मात्र के अन्तस्थल में जाग्रत रहने वाले महान् विचारक धर्म की आज्ञा मैं न टाल सकूँगा। अभी जो प्रश्न अपनी गम्भीरता में भीषण होकर आप लोगों को

विचलित कर रहा है, मैं ही उसका उत्तर देने का अधिकारी हूँ। विवाह का धर्मशास्त्र से घनिष्ठ सम्बन्ध है।

ध्रुवस्वामिनी : आप सत्यवादी ब्राह्मण हैं। कृपा करके बतलाइए...

शिखरस्वामी : (विनय से उसे रोककर) मैं समझता हूँ कि यह विवाद अधिक बढ़ाने से कोई लाभ नहीं!

ध्रुवस्वामिनी : नहीं, मेरी इच्छा इस विवाद का अन्त करने की है। आज यह निर्णय हो जाना चाहिए कि मैं कौन हूँ?

रामगुप्त : ध्रुवस्वामिनी, निर्लज्जता की भी एक सीमा होती है।

ध्रुवस्वामिनी : मेरी निर्लज्जता का दायित्व क्लीव कापुरुष पर है। स्त्री की लज्जा लूटने वाले उस दस्यु के लिए मैं...।

रामगुप्त : (रोककर) चुप रहो! तुम्हारा पर-पुरुष में अनुरक्त हृदय अत्यन्त कलुषित हो गया है। तुम काल-सर्पिणी-सी स्त्री! ओह, तुम्हें धर्म का तनिक भी भय नहीं! शिखर! इस भी वंदी करो।

पुरोहित : ठहरिए! महाराज ठहरिए!! धर्म की ही बात मैं सोच रहा था।

शिखरस्वामी : (क्रोध से) मैं कहता हूँ कि तुम चुप न रहोगे तो तुम्हारी भी यही दशा होगी।

(सैनिक आगे बढ़ता है)

मन्दाकिनी : (उसे रोककर) महाराज, पुरुषार्थ का इतना बड़ा प्रहसन! अबला पर ऐसा अत्याचार!! यह गुप्त-सम्राट् के लिए शोभा नहीं देता।

रामगुप्त : (सैनिकों से) क्या देखते हो जी!

(सैनिक आगे बढ़ता है और चन्द्रगुप्त आवेश में आकर लौह-श्रृंखला तोड़ डालता है। सब आश्चर्य और भय से देखते हैं।)

चन्द्रगुप्त : मैं भी आर्य समुद्रगुप्त का पुत्र हूँ। और शिखरस्वामी, तुम यह अच्छी तरह जानते हो कि मैं ही उनके द्वारा निर्वाचित युवराज भी हूँ। तुम्हारी नीचता अब असह्य है। तुम अपने राजा को लेकर इस दुर्ग से सकुशल बाहर चले जाओ। यहाँ अब मैं ही शकराज के समस्त अधिकारों का स्वामी हूं।

रामगुप्त : (भयभीत होकर चारों ओर देखता हुआ) क्या?

ध्रुवस्वामिनी : (चन्द्रगुप्त से) यही तो कुमार!

चन्द्रगुप्त : (सैनिक से डपटकर) इन सामन्त-कुमारों को मुक्त करो।

(सैनिक वैसा ही करते हैं और शिखरस्वामी के संकेत से रामगुप्त धीरे-धीरे भय से पीछे हटता हुआ बाहर चला जाता है।)

शिखरस्वामी : कुमार! इस कलह को मिटाने के लिए हम लोगों को परिषद् का निर्णय माननीय होना चाहिए। मुझे आपके आधिपत्य से कोई विरोध नहीं है, किन्तु सब काम विधान के अनुकुल होना चाहिए। मैं कुल-वृद्धों को और सामन्तों को, जो यहाँ उपस्थित हैं, लिवा लाने जाता हूँ।

(सैनिक लोग और भी मंच ले आते हैं और सामन्त-कुमार अपने खंगों को खींचकर चन्द्रगुप्त के पीछे खड़े हो जाते हैं। ध्रुवस्वामिनी और चन्द्रगुप्त परस्पर एक-दूसरे को देखते हुए खड़े रहते हैं। परिषद के साथ रामगुप्त का प्रवेश। सब लोग मंच पर बैठते हैं।)

पुरोहित : कुमार! आसन ग्रहण कीजिए।

चन्द्रगुप्त : मैं अभियुक्त हूँ।

शिखरस्वामी : बीती हुई बातों को भूल जाने में ही भलाई है। भाई-भाई की तरह गले से लगकर गुप्त कुल का गौरव बढ़ाइए।

चन्द्रगुप्त : अमात्य, तुम गौरव किसको कहते हो? वह है कहीं रोग-जर्जर शरीर अलंकारों की सजावट, मलिनता और कलुष की ढेरी पर बाहरी कुमकुम-केसर का लेप गौरव नहीं बढ़ता। कुटिलता की प्रतिमूर्ति, बोलो! मेरी वाग्दत्ता पत्नी और पिता द्वारा दिए हुए मेरे सिंहासन का अपहरण किसके संकेत से हुआ और छल से...।

रामगुप्त : यह उन्मत्त प्रलाप बन्द करो। चन्द्रगुप्त, तुम मेरे भाई ही हो न! मैं तुमको क्षमा करता हूँ।

चन्द्रगुप्त : मैं उसे माँगता नहीं और क्षमा देने का अधिकार भी तुम्हारा नहीं रहा। आज तुम राजा नहीं हो। तुम्हारे पाप प्रायश्चित की पुकार कर रहे हैं। न्यायपूर्ण निर्णय के लिए प्रतीक्षा करो और अभियुक्त बनकर अपने अपराधों को सुनो।

मन्दाकिनी : (ध्रुवस्वामिनी को आगे खींचकर) यह है गुप्तकुल की वधू।

रामगुप्त : मन्दा।

मन्दाकिनी : राजा का भय मंदा का गला नहीं घोंट सकता। तुम लोगों को यदि कुछ भी बुद्धि होती, तो इस अपनी कुल-मर्यादा, नारी को शत्रु के दुर्ग में यों न भेजते। भगवान् ने स्त्रियों को उत्पन्न करके ही अधिकारों से वंचित नहीं किया है। किन्तु तुम लोगों की दस्युवृत्ति ने उन्हें लूटा है। इस परिषद् से मेरी प्रार्थना है कि आर्य समुद्रगुप्त का विधान तोड़कर जिन लोगों ने राजकिल्विष किया हो उन्हें दण्ड मिलना चाहिए।

शिखरस्वामी : तुम क्या कह रही हो?

मन्दाकिनी : मैं तुम लोगों की नीचता की गाथा सुन रही हूँ। अनार्य! सुन नहीं सकते? तुम्हारी प्रवंचनाओं ने जिस नरक की सृष्टि की है उनका अन्त समीप है। यह साम्राज्य किसका है? आर्य समुद्रगुप्त ने किसे युवराज बनाया था? चन्द्रगुप्त को या इस क्लीव रामगुप्त को जिसने छल और बल से विवाह करके भी इस नारी को अन्य पुरुष की अनुरागिनी बताकर दण्ड देने के लिए आज्ञा दी है। वही रामगुप्त, जिसने कापुरुषों की तरह इस स्त्री को शत्रु के दुर्ग में बिना विरोध किये भेज दिया था, तुम्हारे गुप्त-सम्राज्य का सम्राट् है। और यह ध्रुवस्वामिनी! जिसे कुछ दिनों तक तुम लोगों ने महादेवी कहकर सम्बोधित किया है, वह क्या है? कौन है? और उसका कैसा अस्तित्व है? कहीं धर्मशास्त्र हो तो उसका मुँह खुलना चाहिए।

पुरोहित : शिखर, मुझे अब भी बोलने दोगे या नहीं? मैं राज्य के सम्बन्ध में कुछ नहीं कहना चाहता। वह तुम्हारी राजनीति जाने। किन्तु इस विवाह के सम्बन्ध में तो मुझे कुछ कहना ही चाहिए।

एक वृद्ध : कहिए देव, आप ही तो धर्मशास्त्र के मुख हैं।

पुरोहित : विवाह की विधि ने देवी ध्रुवस्वामिनी और रामगुप्त को एक भ्रान्तिपूर्ण बन्धन में बाँध दिया है। धर्म का उद्देश्य इस तरह पद दलित नहीं किया जा सकता। माता और पिता के प्रमाण के कारण से धर्म-विवाह केवल परस्पर द्वेष से टूट नहीं सकते; परन्तु यह सम्बन्ध उस प्रमाणों से भी विहीन है। और भी **(रामगुप्त को देखकर)** यह रामगुप्त मृत और प्रव्रजित तो नहीं, पर गौरव से नष्ट, आचरण से पतित और कर्मों से राजकिल्विषी क्लीव है। ऐसी अवस्था में रामगुप्त का ध्रुवस्वामिनी पर कोई अधिकार नहीं।

रामगुप्त : (खड़ा होकर क्रोध से) मूर्ख! तुमको मृत्यु का भय नहीं!

पुरोहित : तनिक भी नहीं। ब्राह्मण केवल धर्म से भयभीत है। अन्य किसी भी शक्ति को वह तुच्छ समझता है। तुम्हारे बधिक मुझे धार्मिक सत्य कहने से रोक नहीं सकते। उन्हें बुलाओ, मैं प्रस्तुत हूँ।

मन्दाकिनी : धन्य हो ब्रह्मदेव!

शिखरस्वामी : किन्तु निर्भीक पुरोहित, तुम क्लीव शब्द का प्रयोग कर रहे हो!

पुरोहित : (हँसकर) राजनीतिक दस्यु! तुम शास्त्रार्थ न करो। क्लीव! श्रीकृष्ण ने अर्जुन को क्लीव किसलिए कहा? जिसे अपनी स्त्री को दूसरे की अंगगामिनी बनने के लिए भेजने में कुछ संकोच नहीं वह क्लीव नहीं तो और क्या है? मैं स्पष्ट कहता हूँ कि धर्मशास्त्र रामगुप्त से ध्रुवस्वामिनी के मोक्ष की आज्ञा देता है।

परिषद् के सब लोग : अनार्य, पतित और क्लीव रामगुप्त, गुप्त-साम्राज्य के पवित्र राज्य-सिंहासन पर बैठने का अधिकारी नहीं।

रामगुप्त : (सशंक और भयभीत-सा इधर-उधर देखकर) तुम सब पाखण्डी हो, विद्रोही हो। मैं अपने न्यायपूर्ण अधिकार को तुम्हारे-जैसे कुत्तों को भौंकने पर न छोड़ दूँगा।

शिखरस्वामी : किन्तु परिषद् का विचार तो मानना ही होगा।

रामगुप्त : (रोने के स्वर में) शिखर! तुम भी ऐसे कहते हो? नहीं, मैं यह न मानूँगा।

ध्रुवस्वामिनी : राम! तुम अभी इस दुर्ग के बाहर जाओ।

रामगुप्त : ऐं? यह परिवर्तन? तो मैं सचमुच क्लीव हूँ क्या?

(धीरे-धीरे हटता हुआ चन्द्रगुप्त के पीछे पहुँचकर उसे कटार निकालकर मारना चाहता है। चन्द्रगुप्त को विपिन्न देखकर कुछ लोग चिल्ला उठते हैं। जब तक चन्द्रगुप्त घूमता है तब तक एक सामन्त-कुमार रामगुप्त पर प्रवाह करके चन्द्रगुप्त की रक्षा कर लेता है। रामगुप्त गिर पड़ता है।)

सामन्त-कुमार : राजाधिराज चन्द्रगुप्त की जय!

परिषद् : महादेवी ध्रुवस्वामिनी की जय!

(यवनिका)

लहर

लहर

१

वे कुछ दिन कितने सुंदर थे?
जब सावन घन सघन बरसते
इन आँखों की छाया भर थे

सुरधनु रंजित नवजलधर से-
भरे क्षितिज व्यापी अंबर से
मिले चूमते जब सरिता के
हरित कूल युग मधुर अधर थे

प्राण पपीहे के स्वर वाली
बरस रही थी जब हरियाली
रस जलकन मालती मुकुल से
जो मदमाते गंध विधुर थे

चित्र खींचती थी जब चपला
नील मेघ पट पर वह विरला
मेरी जीवन स्मृति के जिसमें
खिल उठते वे रूप मधुर थे

२

उठ उठ री लघु लोल लहर!
करुणा की नव अंगड़ाई-सी,
मलयानिल की परछाई-सी
इस सूखे तट पर छिटक छहर!

शीतल कोमल चिर कम्पन-सी,
दुललित हठीले बचपन-सी,
तू लौट कहाँ जाती है री
यह खेल खेल ले ठहर-ठहर!

उठ-उठ गिर-गिर फिर-फिर आती,
नर्तित पद-चिह्न बना जाती,
सिकता की रेखायें उभार

भर जाती अपनी तरल-सिहर!

तू भूल न री, पंकज वन में,
जीवन के इस सूनेपन में,
ओ प्यार-पुलक से भरी ढुलक!
आ चूम पुलिन के बिरस अधर!

अशोक की चिन्ता

जलता है यह जीवन पतंग

जीवन कितना? अति लघु क्षण,
ये शलभ पुंज-से कण-कण,
तृष्णा वह अनलशिखा बन
दिखलाती रक्तिम यौवन।
जलने की क्यों न उठे उमंग?

हैं ऊँचा आज मगध शिर
पदतल में विजित पड़ा,
दूरागत क्रन्दन ध्वनि फिर,
क्यों गूँज रही हैं अस्थिर

कर विजयी का अभिमान भंग?

इन प्यासी तलवारों से,
इन पैनी धारों से,
निर्दयता की मारो से,
उन हिंसक हुंकारों से,

नत मस्तक आज हुआ कलिंग।

यह सुख कैसा शासन का?
शासन रे मानव मन का!
गिरि भार बना-सा तिनका,
यह घटाटोप दो दिन का

फिर रवि शशि किरणों का प्रसंग!

यह महादम्भ का दानव
पीकर अनंग का आसव
कर चुका महा भीषण रव,
सुख दे प्राणी को मानव
तज विजय पराजय का कुढंग।

संकेत कौन दिखलाती,
मुकुटों को सहज गिराती,

जयमाला सूखी जाती,
नश्वरता गीत सुनाती,

तब नही थिरकते हैं तुरंग।

बैभव की यह मधुशाला,
जग पागल होनेवाला,
अब गिरा-उठा मतवाला
प्याले में फिर भी हाला,

यह क्षणिक चल रहा राग-रंग।

काली-काली अलकों में,
आलस, मद नत पलकों में,
मणि मुक्ता की झलकों में,
सुख की प्यासी ललकों में,

देखा क्षण भंगुर हैं तरंग।

फिर निर्जन उत्सव शाला,
नीरव नूपुर श्लथ माला,
सो जाती हैं मधु बाला,
सूखा लुढ़का हैं प्याला,

बजती वीणा न यहाँ मृदंग।

इस नील विषाद गगन में
सुख चपला-सा दुख घन मे,
चिर विरह नवीन मिलन में,
इस मरु-मरीचिका-वन में

उलझा हैं चंचल मन कुरंग।

आँसु कन-कन ले छल-छल
सरिता भर रही द्गंचल;
सब अपने में हैं चंचल;
छूटे जाते सूने पल,

खाली न काल का हैं निषंग।

वेदना विकल यह चेतन,
जड़ का पीड़ा से नर्तन,
लय सीमा में यह कम्पन,
अभिनयमय हैं परिवर्तन,

चल रही यही कब से कुढंग।

करुणा गाथा गाती हैं,
यह वायु बही जाती है,
ऊषा उदास आती हैं,
मुख पीला ले जाती है,

वन मधु पिंगल सन्ध्या सुरंग।

आलोक किरन हैं आती,
रेशमी डोर खिंच जाती,
दृग पुतली कुछ नच पाती,
फिर तम पट में छिप जाती,

कलरव कर सो जाते विहंग।

जब पल भर का हैं मिलना,
फिर चिर वियोग में झिलना,
एक ही प्राप्त हैं खिलना,
फिर सूख धूल में मिलना,

तब क्यों चटकीला सुमन रंग?

संसृति के विक्षत पर रे!
यह चलती हैं डगमग रे!
अनुलेप सदृश तू लग रे!
मृदु दल बिखेर इस मग रे!

कर चुके मधुर मधुपान भृंग।

भुनती वसुधा, तपते नग,
दुखिया है सारा अग जग,
कंटक मिलते हैं प्रति पग,
जलती सिकता का यह मग,

बह जा बन करुणा की तरंग,
जलता हैं यह जीवन पतंग।

प्रलय की छाया

थके हुए दिन के निराशा भरे जीवन की
सन्ध्या हैं आज भी तो धूसर क्षितिज में!
और उस दिन तो;
निर्जन जलधि-वेला रागमयी सन्ध्या से
सीखती थी सौरभ से भरी रंग-रलियाँ।
दूरागत वंशी रव
गूँजता था धीवरों की छोटी-छोटी नावों से।
मेरे उस यौवन के मालती-मुकुल में
रंध्र खोजती थी, रजनी की नीली किरणें
उसे उकसाने को-हँसाने को।
पागल हुई मैं अपनी ही मृदुगन्ध से
कस्तरी मृग जैसी।

पश्चिम जलधि में,
मेरी लहरीली नीली अलकावली समान
लहरें उठती थी मानों चूमने को मुझको,
और साँस लेता था संसार मुझे छुकर।
नृत्यशीला शैशव की स्फूर्तियाँ
दौड़कर दूर जा खड़ी हो हँसने लगी।
मेरे तो,
चरण हुए थे विजड़ित मधु भार से।
हँसती अनंग-बालिकाएँ अन्तरिक्ष में
मेरी उस क्रीड़ा के मधु अभिषेक में
नत शिर देख मुझे।

कमनीयता थी जो समस्त गुजरात की
हुई एकत्र इस मेरी अंगलतिका में,
पलकें मदिर भार से थीं झुकी पड़ती।
नन्दन की शत-शत दिव्य कुसुम-कुन्तला
अप्सराएँ मानो वे सुगन्ध की पुतलियाँ
आ आकर चूम रहीं अरुण अधर मेरा
जिसमें स्वयं ही मुस्कान खिल पड़ती।
नूपुरों की झनकार घुली-मिली जाती थी
चरण अलक्तक की लाली से
जैसे अन्तरिक्ष की अरुणिमा

पी रही दिगन्त व्यापी सन्ध्या संगीत को।

कितनी मादकता थी?
लेने लगी झपकी मैं
सुख रजनी की विश्रम्भ-कथा सुनती;
जिसमें थी आशा
अभिलाषा से भरी थी जो
कामना के कमनीय मृदुल प्रमोद में
जीवन सुरा की वह पहली ही प्याली थी।
"आँखें खुली;
देखा मैने चरणों में लोटती थी
विश्व की विभव-राशि,
और थे प्रणत वहीं गुर्ज्जर-महीप भी।
वह एक सन्ध्या था।"

"श्यामा सृष्टि युवती थी
तारक-खचिक नीलपट परिधान था
अखिल अनन्त में
चमक रही थी लालसा की दीप्त मणियाँ
ज्योतिमयी, हासमयी, विकल विलासमयी
बहती थी धीरे-धीरे सरिता
उस मधु यामिनी में
मदकल मलय पवन ले ले फूलों से
मधुर मरन्द-बिन्द उसमें मिलाता था।
चाँदनी के अंचल में।
हरा भरा पुलिन अलस नींद ले रहा।

सृष्टि के रहस्य भी परखने को मुझको
तारिकाएँ झाँकती थी।
शत शतदलों की
मुद्रित मधुर गन्ध भीनी-भीनी रोम में
बहाती लावण्य धारा।
स्मर शशि किरणें
स्पर्श करती थी इस चन्द्रकान्त मणि को
स्निग्धता बिछलाती थी जिस मेरे अंग पर।

अनुराग पूर्ण था हृदय उपहार में
गुर्ज्जरेश पाँवड़े बिछाते रहे पलकों के,
तिरते थे
मेरी अँगड़ाइयों की लहरों में।
पीते मकरन्द थे
मेरे इस अधखिले आनन सरोज का
कितना सोहाग था, कैसा अनुराग था?
खिली स्वर्ण मल्लिका की सुरभित वल्लरी-सी

गुर्जर के थाले में मरन्द वर्षा करती मैं।"

"और परिवर्तन वह!
क्षितिज पटी को आन्दोलित करती हुई
नीले मेघ माला-सी
नियति-नटी थी आई सहसा गगन में
तड़ित विलास-सी नचाती भौहें अपनी।"
"पावक-सरोवर में अवभृथ स्नान था
आत्म-सम्मान-यज्ञ की वह पूर्णाहुति
सुना-जिस दिन पद्मिनी का जल मरना
सती के पवित्र आत्म गौरव की पुण्य-गाथा
गूँज उठी भारत के कोने-कोने जिस दिन;
उन्नत हुआ था भाल
महिला-महत्त्व का।

दृप्त मेवाड़ के पवित्र बलिदान का
ऊर्जित आलोक
आँख खोलता था सबकी।
सोचने लगी थी कुल-वधुएं, कुमारिकाएँ
जीवन का अपने भविष्य नये सिर से;
उसी दिन
बींधने लगी थी विषमय परतंत्रता।
देव-मन्दिरों की मूक घंटा-ध्वनि
व्यंग्य करती थी जब दीन संकेत से
जाग उठी जीवन की लाज भरी निद्रा से।

मै भी थी कमला,
रूप-रानी गुजरात की।
सोचती थी
पद्मिनी जली थी स्वयं किन्तु मैं जलाऊँगी
वह दवानल ज्वाला
जिसमें सुलतान जले।
देखे तो प्रचंड रूप-ज्वाला की धधकती
मुझको सजीव वह अपने विरुद्ध।
आह! कैसी वह स्पर्द्धा थी?
स्पर्द्धा थी रूप की
पद्मिनी की वाह्य रूप-रेखा चाहे तुच्छ थी,
मेरे इस साँचे में ढले हुए शरीर के
सन्मुख नगण्य थी।

देखकर मुकुर, पवित्र चित्र पद्मिनी का
तुलना कर उससे,
मैंने समझा था यही।
वह अतिरंजित-सी तूलिका चितेरी की

फिर भी कुछ कम थी।
किन्तु था हृदय कहाँ?
वैसा दिव्य
अपनी कमी थी इतरा चली हृदय की
लधुता चली थी माप करने महत्त्व की।

"अभिनय आरम्भ हुआ
अन-हलवाड़ा में अनल चक्र घूमा फिर
चिर अनुगत सौन्दर्य के समादर में
गुज्जरेश मेरी उन इंगितों में नाच उठे।
नारी के चयन! त्रिगुणात्मक ये सन्निपात
किसको प्रमत्त नहीं करते
धैर्य किसका नहीं हरते ये?
वही अस्त्र मेरा था।
एक झटके में आज
गुर्जर स्वतंत्र साँस लेता था सजीव हो।

क्रोध सुलतान का दग्ध करने लगा
दावानल बनकर
हरा भरा कानन प्रफुल्ल गुजरात का।
बालको की करुण पुकारें, और वृद्धों की
आर्तवाणी,
क्रन्दन रमणियों का,
भैरव संगीत बना, तांडव-नृत्य-सा
होने लगा गुर्जर में।
अट्टहास करती सजीव उल्लास से
फाँद पड़ी मैं भी उस देश की विपत्ति में।

वही कमला हूँ मैं!
देख चिरसंगिनी रणांगण में, रंग में,
मेरे वीर पति आह कितने प्रसन्न थे
बाधा, विघ्न, आपदाएँ,
अपनी ही क्षुद्रता में टलती-बिचलती
हँसते वे देख मुझे
मै भी स्मित करती।
किन्तु शक्ति कितनी थी उस कृत्रिमता में?
संबल बचा न जब कुछ भी स्वदेश में
छोड़ना पड़ा ही उसे।
निर्वासित हम दोनों खोजते शरण थे,
किन्तु दुर्भाग्य पीछा करने में आगे था।

"वह दुपहरी थी,
लू से झुलसानेवाली; प्यास से जलानेवाली।
थके सो रहे थे तरुछाया में हम दोनों

तुर्कों का एक दल आया झंझावात-सा।
मेरे गुज्जरेश!
आज किस मुख से कहूँ?
सच्चे राजपूत थे,
वह खंग लीला खड़ी देखती रही मैं वहीं
गत-प्रत्यागत में और प्रत्यावर्तन में
दूर वे चले गये,
और हुई बन्दी मैं।

वाह री नियति!
उस उज्ज्वल आकाश में
पद्मिनी की प्रतिकृति-सी किरणों में बनकर
व्यंग्य-हास करती थी।
एक क्षण भ्रम के भुलावे में डालकर
आज भी नचाता वही,
आज सोचती हूँ जैसे पद्मिनी थी कहती-
"अनुकरण कर मेरा"
समझ सकी न मैं।
पद्मिनी की भूल जो थी समझने को
सिंहिनी की दृप्त मूर्ति धारण कर
सन्मुख सुलतान के
मारने की, मरने की अटल प्रतिज्ञा हुई।

उस अभिमान में
मैंने ही कहा था - छाती ऊँची कर उनसे -
"ले चलो मैं गुर्जर की रानी हूँ, कमला हूँ"
वाह री! विचित्र मनोवृत्ति मेरी!
कैसा वह तेरा व्यंग्य परिहास-शील था?
उस आपदा में आया ध्यान निज रूप का।
रूप यह!
देखे तो तुरुष्कपति मेरा भी
कितनी महीन और कितनी अभूतपूर्व?

बन्दिनी मैं बैठी रही
देखती थी दिल्ली कैसी विभव विलासिनी।
यह ऐश्वर्य की दुलारी, प्यारी क्रूरता की
एक छलना-सी, सजने लगी थी सन्ध्या में।
कृष्णा वह आई फिर रजनी भी।
खोलकर ताराओं की विरल दशन पंक्ति
अट्टहास करती थी दूर मानो व्योम में।
जो न सुन पड़ा अपने ही कोलाहल में!

कभी सोचती थी प्रतिशोध लेना पति का
कभी निज रूप सुन्दरता की अनुभूति

क्षणभर चाहती जगाना मैं
सुलतान ही के उस निर्मम हृदय में,
नारी मैं!
कितनी अबला थी और प्रमदा थी रूप की!

साहस उमड़ता था वेग-पूर-ओघ-सा
किन्तु हलकी थी मैं,
तृण बह जाता जैसे
वैसे मैं विचारों में ही तिरती-सी फिरती।
कैसी अवहेलना थी यह मेरी शत्रुता की
इस मेरे रूप की।

आज साक्षात होगा कितने महीनों पर
लहरी-सदृश उठती-सी गिरती-सी मैं
अद्भूत! चमत्कार!! तृप्त निज गरिमा में
एक सौंदर्यमयी वासना की आँधी-सी
पहुँची समीप सुलतान के।
तातारी दासियों मे मुझको झुकाना चाहा
मेरे ही घुटनों पर,
किन्तु अविचल रही।
मणि-मेखला में रही कठिन कृपानी जो
चमकी वह सहसा
मेरे ही वक्ष का रुधिर पान करने को।
किन्तु छिन गई वह
और निरुपाय मैं तो ऐंठ उठी डोरी-सी,
अपमान-ज्वाला में अधीर होके जलती।

अन्त करने का और वहीं मर जाने का
मेरा उत्साह मन्द हो चला।
उसी क्षण बचकर मृत्यु महागर्त से सोचने लगी थी मैं-

"जीवन सौभाग्य हैं; जीवन अलभ्य हैं।"
चारों और लालसा भिखरिणी-सी माँगती थी
प्राणों के कण-कण दयनीय स्पृहणीय
अपने विश्लेषण रो उठे अकिंचन जो
"जीवन अनन्त हैं,
इसे छिन्न करने का किसे अधिकार हैं?"
जीवन की सीमामयी प्रतिमा
कितनी मधुर हैं?
विश्व-भर से मैं जिसे छाती मे छिपाये रही।

कितनी मधुर भीख माँगते हैं सब ही:-
अपना दल-अंचल पसारकर बन-राजी,
माँगती हैं जीवन का बिन्द-बिन्द ओस-सा

क्रन्दन करता-सा जलनिधि भी
माँगता हैं नित्य मानो जरठ भिखारी-सा
जीवन की धारा मीठी-मीठी सरिताओं से।
व्याकुल हो विश्व, अन्ध तम से
भोर में ही माँगता हैं
"जीवन की स्वर्णमयी किरणें प्रभा भरी।
जीवन ही प्यारा हैं जीवन सौभाग्य है।"

रो उठी मैं रोष भरी बात कहती हुई
"मारकर भी क्या मुझे मरने न दोगे तुम?
मानती हूँ शक्तिशाली तुम सुलतान हो
और मैं हूँ बन्दिनी।
राज्य हैं बचा नहीं,
किन्तु क्या मनुष्यता भी मुझमें रही नहीं
इतनी मैं रिक्त हूँ?"
क्षोभ से भरा कंठ फिर चुप हो रही।

शक्ति प्रतिनिधि उस दृप्त सुलतान की
अनुनय भरी वाणी गूँज उठा कान में।
"देखता हूँ मरना ही भारत की नारियों का
एक गीत-भार हैं!
रानी तुम बन्दिनी हो मेरी प्रार्थनाओं में
पद्मिमी को खो दिया हैं
किन्तु तुमको नहीं!
शासन करोगी इन मेरी क्रूरताओं पर
निज कोमलता से-मानस की माधुरी से!
आज इस तीव्र उत्तेजना की आँधी में
सुन न सकोगी, न विचार ही करोगी तुम
ठहरो विश्राम करों।"
अति द्रुत गति से
कब सुलतान गये
जान सकी मैं न, और तब से
यह रंगमहल बना सुवर्ण पींजरा।

"एक दिन, संध्या थी;
मलिन उदास मेरे हृदय पटल-सा
लाल पीला होता था दिगन्त निज क्षोभ से।
यमुना प्रशान्त मन्द-मन्द निज धारा में,
करुण विषाद मयी
बहती थी धरा के तरल अवसाद-सी।
बैठी हुई कालिमा की चित्र-पटी देखती
सहसा मैं चौंक उठी द्रुत पद-शब्द से।

सामने था

शैशव से अनुचर
मानिक युवक अब
खिंच गया सहसा
पश्चिम-जलधि-कूल का वह सुरम्य चित्र
मेरी इन दुखिया अँखड़ियों के सामने।
जिसको बना चुका था मेरा यह बालपन
अद्रत कुतूहल औ' हँसी की कहानी से।

मैने कहा:-
"कैसे तू अभागा यहाँ पहुँचा हैं मरने?"
"मरने तो नहीं यहाँ जीवन की आशा में
आ गया हूँ रानी! -भला
कैसे मैं न आता यहाँ?"
कह, वह चुप था।
छूरे एक हाथ में
दूसरे सो दोनों हाथ पकड़े हुए वहीं
प्रस्तुत थीं तातारी दासियाँ।
सहसा सुलतान भी दिखाई पड़े,
और मैं थी मूक गरिमा के इन्द्रजाल में।

"मृत्युदंड!"
वज्र-निर्घोष-सा सुनाई पड़ा भीषणतम
मरता है मानिक!
गूँज उठा कानों में-
"जीवन अलभ्य हैं; जीवन सौभाग्य हैं।"
उठी एक गर्व-सी
किन्तु झुक गई अनुनय की पुकार में
"उसे छोड़ दीजिए" - निकल पडा मुँह से।

हँसे सुलतान,और अप्रतिम होती मैं
जकड़ी हुई थी अपनी ही लाज-श्रृंखला में।
प्रार्थना लौटाने का उपाय अब कौन था?
अपने अनुग्रह के भार से दबाते हुए
कहा सुलतान ने-
"जाने दो रानी की पहली यह आज्ञा हैं।"
हाय रे हृदय! तूने
कौड़ी के मोल बेचा जीवन का मणि-कोष
और आकाश को पकड़ने की आशा में
हाथ ऊँचा किये सिर दे दिया अतल में।

"अन्तर्निहित था
लालसाएँ, वासनाएँ जितनी अभाव में
जीवन की दीनता में और पराधीनता में
पलने लगीं वे चेतना के अनजान में।

धीरे-धीरे आती हैं जैसे मादकता
आँखों के अजान में, ललाई में ही छिपती;
चेतना थी जीवन की फिर प्रतिशोध की।
किन्तु किस युग से वासना के बिन्द रहे सींचते
मेरे संवेदनो को।
यामिनी के गूढ़ अन्धकार में
सहसा जो जाग उठे तारा से
दुर्बलता को मानती-सी अवलम्ब मैं
खड़ी हुई जीवन की पिच्छिल-सी भूमि पर।
बिखरे प्रलोभनों को मानती-सी सत्य मैं
शासन की कामना में झूमी मतवाली हो।

एक क्षण, भावना के उस परिवर्तन का
कितना अर्जित था?
जीवित हैं गुज्जरेश! कर्णदेव!
भेजा संदेश मुझे "शीघ्र अन्त कर दो
जीवन की लीला।"
लालसा की अर्द्ध कृति-सी!
उस प्रत्यावर्तन मे प्राण जो न दे सके, हाँ
जीवित स्वयं हैं।

जियें फिर क्यों न सब अपनी ही आशा में?
बन्दिनी हुई मैं अबला थी;
प्राणों का लोभ उन्हें फिर क्यों न बचा सका?
प्रेम कहाँ मेरा था?
और मुझमे भी कैसे कहूँ शुद्ध प्रेम था।
मानिक कहता हैं, आह, मुझे मर जाने को।
रूप न बनाया रानी मुझे गुजरात की,
वही रूप आज मुझे प्रेरित था करता
भारतेश्वरी का पद लेने को।

लोभ मेरा मूर्तिमान, प्रतिशोध था बना
और सोचती थी मैं, आज हूँ विजयिनी
चिर पराजित सुलतान पद तल में।
कृष्णागुरुवर्तिका
जल चुकी स्वर्ण पात्र के ही अभिमान में
एक धूम-रेखा मात्र शेष थी,
उस निस्पन्द रंग मन्दिर के व्योम में
क्षीणगन्ध निरवलम्ब।
किन्तु मैं समझती थी, यही मेरी जीवन हैं!
यह उपहार हैं, शृंगार हैं।
मेरा रूप माधुरी का।

मणि नूपुरों की बीन बजी, झनकार से

गूँज उठी रंगशाला इस सौन्दर्य की
विश्व था मनाता महोत्सव अभिमान का
आज विजयी था रूप
और साम्राज्य था नृशंस क्रूरताओं का
रूप माधुरी की कृपा-कोर को निरखता
जिसमें मदोद्धत कटाक्ष की अरुणिमा
व्यंग्य करती थी विश्व भर के अनुराग पर।
अवहेलना से अनुग्रह थे बिखरते।
जीवन के स्वप्न सब बनते-बिगड़ते थे
भवें बल खाती जब;
लोगों की अदृष्ट लिपि लिखी-पढ़ी जाती थी
इस मुसक्यान के, पद्मराग-उद्गम से
बहता सुगन्ध की सुधा का सोता मन्द-मन्द।

रतन राजि, सींची जाती सुमन-मरन्द से
कितनी ही आँखों की प्रसन्न नील ताराएँ
बनने को मुकुर-अचंचल, निस्पन्द थी।
इन्हीं मीन दृगों को चपल संकेत बन
शासन, कुमारिका से हिमालय-शृंग तक
अथक अबाध और तीव्र मेध-ज्योति-सा
चलता था-
हुआ होगा बनना सफल जिसे देखकर
मंजु मीन-केतन अनंग का।
मुकुट पहनते थे सिर, कभी लोटते थे
रक्त दग्ध धरणी मे रूप की विजय में।
हर में सुलतान की
देखती सशंक दृग कोरों से
निज अपमान को।"

"बेच दिया
विश्व इन्द्रजाल में सत्य कहते हैं जिसे;
उसी मानवता के आत्म सम्मान को।"
जीवन में आता हैं परखने का
जिसे कोई एक क्षण,
लोभ, लालसा या भय, क्रोध, प्रतिशोध के
उग्र कोलाहल में,
जिसकी पुकार सुनाई ही नही पड़ती।
सोचा था उस दिन:
जिस दिन अधिकार-क्षुब्ध उस दास ने,
अन्त किया छल से काफूर ने
अलाउद्दीन का, मुमूर्षु सुलतान का।

आँधी में नृशंसता की रक्त-वर्षा होने लगी
रूप वाले, शीश वाले, प्यार से फले हुए

प्राणी राज-वंश के
मारे गये।
वह एक रक्तमयी सन्ध्या थी।
शक्तिशाली होना अहोभाग्य हैं
और फिर
बाधा-विघ्न-आपदा के तीव्र प्रतिघात का
सबल विरोध करने में कैसा सुख हैं?
इसका भी अनुभव हुआ था भली-भाँति मुझे
किन्तु वह छलना थी मिथ्या अधिकार की।

जिस दिन सुना अकिंचन परिवारी ने;
आजीवन दास ने, रक्त से रँगे हुए;
अपने ही हाथों पहना है राज मुकुट।

अन्त कर दास राजवंश का,
लेकर प्रचंड प्रतिशोध निज स्वामी का
मानिक ने, खुसरु के नाम से
शासन का दंड किया ग्रहण सदर्प हैं।
उसी दिन जान सकी अपनी मैं सच्ची स्थिति
मैं हूँ किस तल पर?
सैकड़ों ही वृश्चिकों का डंक लगा एक साथ
मैं जो करने थी आई
उसे किया मानिक ने।
खुसरु ने!!

उद्धत प्रभुत्व का
वात्याचक्र! उठा प्रतिशोध-दावानल में
कह गया अभी-अभी नीच परिवारी वह!
"नारी यह रूप तेरा जीवित अभिशाप हैं
जिसमें पवित्रता की छाया भी पड़ी नहीं।
जितने उत्पीड़न थे चूर हो दबे हुए,
अपना अस्तित्व हैं पुकारते,
नश्वर संसार में
ठोस प्रतिहिंसा की प्रतिध्वनि है चाहते।"
"लूटा था दृप्त अधिकार में
जितना विभव, रूप, शील और गौरव को
आज वे स्वतंत्र हो बिखरते है!
एक माया-स्फूत-सा
हो रहा है लोप इन आँखों के सामने।"

देख कमलावती।
ढुलक रही हैं हिम-बिन्द-सी
सत्ता सौन्दर्य के चपल आवरण की।
हँसती है वासना की छलना पिशाची-सी

छिपकर चारों और व्रीड़ा की अँगुलियाँ
करती संकेत हैं व्यंग्य उपहास में।
ले चली बहाती हुई अन्ध के अतल में
वेग भरी वासना
अन्तक शरभ के
काले-काले पंख ढकते हैं अन्ध तम से।
पुण्य ज्योति हीन कलुषित सौन्दर्य का-
गिरता नक्षत्र नीचे कालिमा की धारा-सा
असफल सृष्टि सोती-
प्रलय की छाया में।

ले चल वहाँ भुलावा देकर

ले चल वहाँ भुलावा देकर
मेरे नाविक! धीरे-धीरे।
जिस निर्जन में सागर लहरी,
अम्बर के कानों में गहरी,
निश्छल प्रेम-कथा कहती हो-
तज कोलाहल की अवनी रे।

जहाँ साँझ-सी जीवन-छाया,
ढीली अपनी कोमल काया,
नील नयन से ढुलकाती हो-
ताराओं की पाँति घनी रे।

जिस गम्भीर मधुर छाया में,
विश्व चित्र-पट चल माया में,
विभुता विभु-सी पड़े दिखाई-
दुख-सुख बाली सत्य बनी रे।

श्रम-विश्राम क्षितिज-वेला से
जहाँ सृजन करते मेला से,
अमर जागरण उषा नयन से-
बिखराती हो ज्योति घनी रे!

निज अलकों के अंधकार में

निज अलकों के अन्धकार मे
तुम कैसे छिप आओगे?
इतना सजग कुतूहल! ठहरो,
यह न कभी बन पाओगे!

आह, चूम लूँ जिन चरणों को
चाँप-चाँपकर उन्हें नहीं
दुख दो इतना, अरे अरुणिमा
ऊषा-सी वह उधर बही।

वसुधा चरण-चिह्न-सी बनकर
यहीं पड़ी रह जावेगी।
प्राची रज कुंकुम ले चाहे
अपना भाल सजावेगी।

देख मैं लूँ इतनी ही तो है इच्छा?
लो सिर झुका हुआ।
कोमल किरन-उँगलियो से ढँक दोगे
यह दृग खुला हुआ।

फिर कह दोगे;पहचानो तो
मैं हूँ कौन बताओ तो।
किन्तु उन्हीं अधरों से, पहले
उनकी हँसी दबाओ तो।

सिहर रेत निज शिथिल मृदुल
अंचल को अधरों से पकड़ो।
बेला बीत चली हैं चंचल
बाहु-लता से आ जकड़ो।

तुम हो कौन और मैं क्या हूँ?
इसमें क्या है धरा, सुनो,
मानस जलधि रहे चिर चुम्बित
मेरे क्षितिज! उदार बनो।

मधुप गुनगुनाकर कह जाता

मधुप गुनगुना कर कह जाता कौन कहानी अपनी,
मुरझा कर गिर रहीं पत्तियां देखो कितनी आज घनी

इस गंभीर अनंत नीलिमा में अस्संख्य जीवन-इतिहास-
यह लो, करते ही रहते हैं अपना व्यंग्य-मलिन उपहास

तब बही कहते हो-काह डालूं दुर्बलता अपनी बीती!
तुम सुनकर सुख पाओगे, देखोगे – यह गागर रीती

किन्तु कहीं ऐसा ना हो की तुम खली करने वाले-
अपने को समझो-मेरा रस ले अपनी भरने वाले

यह विडम्बना! अरी सरलते तेरी हँसी उड़ाऊँ मैं
भूलें अपनी, या प्रवंचना औरों की दिखलाऊं मैं

उज्जवल गाथा कैसे गाऊं मधुर चाँदनी रातों की
अरे खिलखिला कार हसते होने वाली उन बातों की

मिला कहाँ वो सुख जिसका मैं स्वप्न देख कार जाग गया?
आलिंगन में आते-आते मुसक्या कर जो भाग गया

जिसके अरुण-कपोलों की मतवाली सुंदर छाया में
अनुरागिनी उषा लेती थी निज सुहाग मधुमाया में

उसकी स्मृति पाथेय बनी है थके पथिक की पन्था की
सीवन को उधेड कर देखोगे क्यों मेरी कन्था की?

छोटे-से जीवन की कैसे बड़ी कथाएं आज कहूँ?
क्या ये अच्छा नहीं कि औरों की सुनता मैं मौन रहूँ?

सुनकर क्या तुम भला करोगे-मेरी भोली आत्म-कथा?
अभी समय बही नहीं- थकी सोई है मेरी मौन व्यथा

अरी वरुणा की शांत कछार

अरी वरुणा की शांत कछार!
तपस्वी के वीराग की प्यार!

सतत व्याकुलता के विश्राम, अरे ऋषियों के कानन कुञ्ज!
जगत नश्वरता के लघु त्राण, लता, पादप,सुमनों के पुञ्ज!
तुम्हारी कुटियों में चुपचाप, चल रहा था उज्ज्वल व्यापार
स्वर्ग की वसुधा से शुचि संधि, गूंजता था जिससे संसार

अरी वरुणा की शांत कछार!
तपस्वी के वीराग की प्यार!

तुम्हारे कुंजो में तल्लीन, दर्शनों के होते थे वाद
देवताओं के प्रादुर्भाव, स्वर्ग के सपनों के संवाद
स्निग्ध तरु की छाया में बैठ, परिषदें करती थी सुविचार-
भाग कितना लेगा मस्तिष्क,हृदय का कितना है अधिकार?

अरी वरुणा की शांत कछार!
तपस्वी के वीराग की प्यार!

छोड़कर पार्थिव भोग विभूति, प्रेयसी का दुर्लभ वह प्यार
पिता का वक्ष भरा वात्सल्य, पुत्र का शैशव सुलभ दुलार
दुःख का करके सत्य निदान, प्राणियों का करने उद्धार
सुनाने आरण्यक संवाद, तथागत आया तेरे द्वार

अरी वरुणा की शांत कछार!
तपस्वी के वीराग की प्यार!

मुक्ति जल की वह शीतल बाढ़,जगत की ज्वाला करती शांत
तिमिर का हरने को दुख भार, तेज अमिताभ अलौकिक कांत
देव कर से पीड़ित विक्षुब्ध, प्राणियों से कह उठा पुकार–
तोड़ सकते हो तुम भव-बंध, तुम्हें है यह पूरा अधिकार

अरी वरुणा की शांत कछार!
तपस्वी के वीराग की प्यार!

छोड़कर जीवन के अतिवाद, मध्य पथ से लो सुगति सुधार.
दुःख का समुदय उसका नाश, तुम्हारे कर्मो का व्यापार

विश्व-मानवता का जयघोष, यहीं पर हुआ जलद-स्वर-मंद्र
मिला था वह पावन आदेश, आज भी साक्षी है रवि-चंद्र

अरी वरुणा की शांत कछार!
तपस्वी के वीराग की प्यार!

तुम्हारा वह अभिनंदन दिव्य और उस यश का विमल प्रचार
सकल वसुधा को दे संदेश, धन्य होता है बारम्बार
आज कितनी शताब्दियों बाद, उठी ध्वंसों में वह झंकार
प्रतिध्वनि जिसकी सुने दिगन्त, विश्व वाणी का बने विहार

हे सागर संगम अरुण नील

हे सागर संगम अरुण नील!

अतलान्त महा गंभीर जलधि
तज कर अपनी यह नियत अवधि,
लहरों के भीषण हासों में
आकर खारे उच्छ्वासों में

युग युग की मधुर कामना के
बन्धन को देता ढील।
हे सागर संगम अरुण नील।

पिंगल किरनों-सी मधु-लेखा,
हिमशैल बालिका को तूने कब देखा!

कवरल संगीत सुनाती,
किस अतीत युग की गाथा गाती आती।

आगमन अनन्त मिलन बनकर
बिखराता फेनिल तरल खील।
हे सागर संगम अरुण नील!

आकुल अकूल बनने आती,
अब तक तो है वह आती,

देवलोक की अमृत कथा की माया
छोड़ हरित कानन की आलस छाया

विश्राम माँगती अपना।
जिसका देखा था सपना

निस्सीम व्योम तल नील अंक में
अरुण ज्योति की झील बनेगी कब सलील?
हे सागर संगम अरुण नील!

उस दिन जब जीवन के पथ में

उस दिन जब जीवन के पथ में,
छिन्न पात्र ले कम्पित कर में,
मधु-भिक्षा की रटन अधर में,
इस अनजाने निकट नगर में,
आ पहुँचा था एक अकिंचन।

उस दिन जब जीवन के पथ में,
लोगों की आखें ललचाईं,
स्वयं माँगने को कुछ आईं,
मधु सरिता उफनी अकुलाईं,
देने को अपना संचित धन।

उस दिन जब जीवन के पथ में,
फूलों ने पंखुरियाँ खोलीं,
आँखें करने लगी ठिठोली;
हृदय ने न सम्हाली झोली,
लुटने लगे विकल पागल मन।

उस दिन जब जीवन के पथ में,
छिन्न पात्र में था भर आता
वह रस बरबस था न समाता;
स्वयं चकित-सा समझ न पाता
कहाँ छिपा था, ऐसा मधुवन!

उस दिन जब जीवन के पथ में,
मधु-मंगल की वर्षा होती,
काँटों ने भी पहना मोती,
जिसे बटोर रही थी रोती
आशा, समझ मिला अपना धन।

आँखों से अलख जगाने को

आँखों से अलख जगाने को,
यह आज भैरवी आई है
उषा-सी आँखों में कितनी,
मादकता भरी ललाई है

कहता दिगन्त से मलय पवन
प्राची की लाज भरी चितवन-
है रात घूम आई मधुबन,
यह आलस की अंगराई है

लहरों में यह क्रीड़ा-चंचल,
सागर का उद्वेलित अंचल
है पोंछ रहा आँखें छलछल,
किसने यह चोट लगाई है?

आह रे, वह अधीर यौवन

आह रे, वह अधीर यौवन!

मत्त-मारुत पर चढ़ उद्भ्रांत,
बरसने ज्यों मदिरा अश्रांत-
सिंधु वेला-सी घन मंडली,
अखिल किरणों को ढँककर चली,
भावना के निस्सीम गगन,
बुद्धि-चपला का क्षण–नर्तन-
चूमने को अपना जीवन,
चला था वह अधीर यौवन!
आह रे, वह अधीर यौवन!

अधर में वह अधरों की प्यास,
नयन में दर्शन का विश्वास,
धमनियों में आलिन्गनमयी–
वेदना लिये व्यथाएँ नयी,
टूटते जिससे सब बंधन,
सरस सीकर से जीवन-कन,
बिखर भर देते अखिल भुवन,
वही पागल अधीर यौवन!
आह रे, वह अधीर यौवन!

मधुर जीवन के पूर्ण विकास,
विश्व-मधु-ऋतु के कुसुम-विकास,
ठहर, भर आँखों देख नयी-
भूमिका अपनी रंगमयी,
अखिल की लघुता आई बन–
समय का सुन्दर वातायन,
देखने को अदृष्ट नर्तन
अरे अभिलाषा के यौवन!
आह रे, वह अधीर यौवन!!

तुम्हारी आँखों का बचपन

तुम्हारी आँखों का बचपन!

खेलता था जब अल्हड़ खेल,
अजिर के उर में भरा कुलेल,
हारता था हँस-हँस कर मन,
आह रे, व्यतीत जीवन!

साथ ले सहचर सरस वसन्त,
चंक्रमण करता मधुर दिगन्त,
गूँजता किलकारी निस्वन,
पुलक उठता तब मलय-पवन।

स्निग्ध संकेतों में सुकुमार,
बिछल,चल थक जाता जब हार,
छिड़कता अपना गीलापन,
उसी रस में तिरता जीवन।

आज भी हैं क्या नित्य किशोर
उसी क्रीड़ा में भाव विभोर
सरलता का वह अपनापन
आज भी हैं क्या मेरा धन!

तुम्हारी आँखों का बचपन!

अब जागो जीवन के प्रभात

अब जागो जीवन के प्रभात!

वसुधा पर ओस बने बिखरे
हिमकन आँसू जो क्षोम भरे
ऊषा बटोरती अरुण गात!

तम-नयनो की ताराएँ सब
मुँद रही किरण दल में हैं अब,
चल रहा सुखद यह मलय वात!

रजनी की लाज समेटी तो,
कलरव से उठ कर भेंटो तो,
अरुणांचल में चल रही वात।

कोमल कुसुमों की मधुर रात

कोमल कुसुमों की मधुर रात!

शशि-शतदल का यह सुख विकास,
जिसमें निर्मल हो रहा हास,
उसकी सांसो का मलय वात!
कोमल कुसुमों की मधुर रात!

वह लाज भरी कलियाँ अनंत,
परिमल-घूँघट ढँक रहा दन्त,
कंप-कंप चुप-चुप कर रही बात.
कोमल कुसुमों की मधुर रात!

नक्षत्र-कुमुद की अलस माल,
वह शिथिल हँसी का सजल जाल-
जिसमें खिल खुलते किरण पात
कोमल कुसुमों की मधुर रात!

कितने लघु-लघु कुडलम अधीर,
गिरते बन शिशिर-सुगंध-नीर,
हों रहा विश्व सुख-पुलक गात

कितने दिन जीवन जल-निधि में

कितने दिन जीवन जल-निधि में

विकल अनिल से प्रेरित होकर
लहरी, कूल चूमने चलकर
उठती गिरती-सी रुक-रुककर
सृजन करेगी छवि गति-विधि में!

कितनी मधु-संगीत-निनादित
गाथाएँ निज ले चिर-संचित
तरल तान गावेगी वंचित!
पागल-सी इस पथ निरवधि में!

दिनकर हिमकर तारा के दल
इसके मुकुर वक्ष में निर्मल
चित्र बनायेंगे निज चंचल!
आशा की माधुरी अवधि में!

मेरी आँखों की पुतली में

मेरी आँखों की पुतली में
तू बनकर प्रान समा जा रे!

जिसके कन-कन में स्पन्दन हो,
मन में मलयानिल चन्दन हो,
करुणा का नव-अभिनन्दन हो
वह जीवन गीत सुना जा रे!

खिंच जाये अधर पर वह रेखा
जिसमें अंकित हो मधु लेखा,
जिसको वह विश्व करे देखा,
वह स्मिति का चित्र बना जा रे!

जग की सजल कालिमा रजनी

जग की सजल कालिमा रजनी में मुखचन्द्र दिखा जाओ
हृदय अँधेरी झोली इनमे ज्योति भीख देने आओ
प्राणों की व्याकुल पुकार पर एक मींड़ ठहरा जाओ
प्रेम वेणु की स्वर- लहरी में जीवन - गीत सुना जाओ

स्नेहालिंगन की लतिकाओं की झुरमुट छा जाने दो
जीवन-धन! इस जले जगत को वृन्दावन बन जाने दो

वसुधा के अंचल पर

वसुधा के अंचल पर
यह क्या कन-कन-सा गया बिखर?
जल शिशु की चंचल कीड़ा-सा,
जैसे सरसिज दल पर।

लालसा निराशा में ढलमल
वेदना और सुख में विह्वल
यह क्या है रे मानव जीवन?
कितना है रहा निखर।

मिलने चलने जब दो कन,
आकर्षण-मय चुम्बन बन,
दल के नस-नस मे बह जाती
लघु-लघु धारा सुन्दर।

हिलता-ढुलता चंचल दल,
ये सब कितने हैं रहे मचल
कन-कन अनन्त अम्बुधि बनते।
कब रुकती लीला निष्ठर।

तब क्यों रे फिर यह सब क्यों?
यह रोष भरी लाली क्यों?
गिरने दे नयनों से उज्जवल
आँसू के कन मनहर।

वसुधा के अंचल पर।

अपलक जगती हो एक रात

अपलक जगती हो एक रात!

सब सोये हों इस भूतल में,
अपनी निरीहता सम्बल में
चलती हो कोई भी न बात!

पथ सोये हों हरियाली में,
हों सुमन सो रहे डाली में,
हो अलस उनींदी नखत पाँत!

नीरव प्रशान्ति का मौन बना,
चुपके किसलय से बिछल छता;
थकता हो पंथी मलय-बात।

वक्षस्थल में जो छिपे हुए
सोते हों हृदय अभाव लिए
उनके स्वप्नों का हो न प्रात।

जगती की मंगलमयी उषा बन

जगती की मंगलमयी उषा बन,
करुणा उस दिन आई थी,
जिसके नव गैरिक अंचल की प्राची में भरी ललाई थी।

भय- संकुल रजनी बीत गई,
भव की व्याकुलता दूर गई,
घन-तिमिर-भार के लिए तड़ित स्वर्गीय किरण बन आई थी।

खिलती पंखुरी पंकज- वन की,
खुल रही आँख रिषी पत्तन की,
दुख की निर्ममता निरख कुसुम -रस के मिस जो भार आई थी।

कल-कल नादिनी बहती-बहती-
प्राणी दुख की गाथा कहती-
वरूणा द्रव होकर शांति-वारि शीतलता-सी भर लाई थी।

पुलकित मलयानिल कूलो में,
भरता अंजलि था फूलों में ,
स्वागत था अभया वाणी का निष्ठरता लिये बिदाई थी।

उन शांत तपोवन कुंजो में,
कुटियों, त्रिन विरुध पुंजो में,
उटजों में था आलोक भरा कुसुमित लतिका झुक आई थी।

मृग मधुर जुगाली करते से,
खग कलरव में स्वर भरते से,
विपदा से पूछ रहे किसकी पद्ध्वनी सुनने में आई थी।

प्राची का पथिक चला आता ,
नभ पद- पराग से भर जाता,
वे थे पुनीत परमाणु दया ने जिसने सृष्टि बनाई थी।
तप की तारुन्यमयी प्रतिमा,
प्रज्ञा पारमिता की गरिमा,
इस व्यथित विश्व की चेतनता गौतम सजीव बन आई थी।

उस पावन दिन की पुण्यमयी,
स्मृति लिये धारा है धैर्यमयी,

जब धर्म- चक्र के सतत-प्रवर्तन की प्रसन्न ध्वनि छाई थी।

युग-युग की नव मानवता को,
विस्तृत वसुधा की विभुता को,
कल्याण संघ की जन्मभूमि आमंत्रित करती आई थी।

स्मृति-चिन्हों की जर्जरता में,
निष्ठर कर की बर्बरता में,
भूलें हम वह संदेश न जिसने फेरी धर्म दुहाई थी।

चिर तृषित कंठ से तृप्त-विधुर

चिर संचित कंठ से तृप्त-विधुर
वह कौन अकिंचन अति आतुर
अत्यंत तिरस्कृत अर्थ सदृश
ध्वनि कम्पित करता बार-बार,
धीरे से वह उठता पुकार-
मुझको न मिला रे कभी प्यार।

सागर लहरों सा आलिंगन
निष्फल उठकर गिरता प्रतिदिन
जल वैभव है सीमा-विहीन
वह रहा एक कन को निहार,
धीरे से वह उठता पुकार-
मुझको न मिला रे कभी प्यार।

अकरुण वसुधा से एक झलक
वह स्मृत मिलने को रहा ललक
जिसके प्रकाश में सकल कर्म
बनते कोमल उज्जवल उदार,
धीरे से वह उठता पुकार-
मुझको न मिला रे कभी प्यार।

फैलाती है जब उषा राग
जग जाता है उसका विराग
वंचकता, पीड़ा, घ्रिना, मोह
मिलकर बिखेरते अंधकार,
धीरे से वह उठता पुकार-
मुझको न मिला रे कभी प्यार।

ढल विरल डालियाँ भरी मुकुल
झुकती सौरभ रस लिये अतुल
अपने विषद -विष में मूर्छित
काँटों से बिंध कर बार बार,
धीरे से वह उठता पुकार-
मुझको न मिला रे कही प्यार।

जीवन रजनी का अमल इंदु

न मिला स्वाति का एक बिंदु
जो हृदय सीप में मोती बन
पूरा कर देता लक्षहार,
धीरे से वह उठता पुकार-
मुझको न मिला रे कभी प्यार।

पागल रे! वह मिलता है कब
उसको तो देते ही हैं सब
आँसू के कन-कन से गिन कर
यह विश्व लिये है ऋण उधर,
तू क्यों फिर उठता है पुकार?
मुझको न मिला रे कभी प्यार।

काली आँखों का अंधकार

काली आँखों का अन्धकार
तब हो जाता है वार पार,
मद पिये अचेतन कलाकार
उन्मीलित करता क्षितिज पार

वह चित्र! रंग का ले बहार
जिसमें हैं केवल प्यार प्यार!

केवल स्मितिमय चाँदनी रात,
तारा किरनों से पुलक गात,
मधुपों मुकुलों के चले घात,
आता हैं चुपके मलय वात,

सपनों के बादल का दुलार।
तब दे जाता हैं बूँद चार!

तब लहरों-सा उठकर अधीर
तू मधुर व्यथा-सा शून्य चीर,
सूखे किसलय-सा भरा पीर
गिर जा पतझड़ का पा समीर।

पहने छाती पर तरल हार।
पागल पुकार फिर प्यार प्यार!

अरे कहीं देखा है तुमने

अरे कहीं देखा हैं तुमने
मुझे प्यार करनेवाले को?
मेरी आँखों में आकर फिर
आँसू बन ढरनेवाले को?

सूने नभ में आग जलाकर
यह सुवर्ण-सा हृदय गलाकर
जीवन सन्ध्या को नहलाकर
रिक्त जलधि भरनेवाले को?

रजनी के लघु-तम कन में
जगती की ऊष्मा के वन में
उस पर पड़ते तुहिन सघन में
छिप, मुझसे डरनेवाले को?

निष्ठुर खेलों पर जो अपने
रहा देखता सुख के सपने
आज लगा है क्या वह कँपने
देख मौन मरनेवाले को?

शशि-सी वह सुन्दर रूप विभा

शशि-सी वह सन्दर रूप विभा
चाहे न मुझे दिखलाना।
उसकी निर्मल शीलत छाया
हिमकन को बिखरा जाना।

संसार स्वप्न बनकर दिन-सा
आया हैं नहीं जगाने,
मेरे जीवन के सुख निशीध!
जाते-जाते रूक जाना।

हाँ, इन जाने की घड़ियों
कुछ ठहर नहीं जाओगे?
छाया पथ में विश्राम नहीं,
है केवल चलते जाना।

मेरा अनुराग फैलने दो,
नभ के अभिनव कलरव में,
जाकर सूनेपन के तम में
बन किरन कभी आ जाना।

अरे! आ गई है भूली-सी

अरे! आ गई है भूली-सी-
यह मधु ऋतु दो दिन को,
छोटी सी कुटिया मैं रच दूं,
नयी व्यथा-साथिन को!

वसुधा नीचे ऊपर नभ हो,
नीड़ अलग सबसे हो,
झारखण्ड के चिर पतझड में
भागो सूखे तिनको!

आशा से अंकुर झूलेंगे
पल्लव पुलकित होंगे,
मेरे किसलय का लघु भव यह,
आह, खलेगा किन को?

सिहर भरी कपती आवेंगी
मलयानिल की लहरें,
चुम्बन लेकर और जगाकर-
मानस नयन नलिन को

जवा- कुसुम -सी उषा खिलेगी
मेरी लघु प्राची में,
हँसी भरे उस अरुण अधर का
राग रंगेगा दिन को

अंधकार का जलधि लांघकर
आवेंगी शशि- किरणे,
अंतरिक्ष छिरकेगा कन-कन
निशि में मधुर तुहिन को

एक एकांत सृजन में कोई
कुछ बाधा मत डालो,
जो कुछ अपने सुंदर से हैं
दे देने दो इनको

निधरक तूने ठुकराया तब

निधरक तूने ठुकराया तब
मेरी टूटी मधु प्याली को,
उसके सूखे अधर माँगते
तेरे चरणों की लाली को।

जीवन-रस के बचे हुए कन,
बिखरे अम्बर में आँसू बन,
वही दे रहा था सावन घन
वसुधा की इस हरियाली को।

निदय हृदय में हूक उठी क्या,
सोकर पहली चूक उठी क्या,
अरे कसक वह कूक उठी क्या,
झंकृत कर सूखी डाली को?

प्राणों के प्यासे मतवाले
ओ झंझा से चलनेवाले।
ढलें और विस्मृति के प्याले,
सोच न कृति मिटनेवाली को।

ओ री मानस की गहराई

ओ री मानस की गहराई!

तू सुप्त, शान्त कितनी शीतल
निर्वात मेघ ज्यों पूरित जल
नव मुकुर नीलमणि फलक अमल,
ओ पारदर्शिका! चिर चंचल
यह विश्व बना हैं परछाई!

तेरा विषाद द्रव तरल-तरल
मूर्च्छित न रहे ज्यों पिये गरल
सुख-लहर उठा री सरल-सरल
लधु-लधु सुन्दर-सुन्दर अविरल,
तू हँस जीवन की सुधराई!

हँस, झिलमिल हो लें तारा गन,
हँस खिले कुंज में सकल सुमन,
हँस, बिखरें मधु मरन्द के कन,
बनकर संसृति के तव श्रम कन,
सब कहें दें 'वह राका आई!'

हँस ले भय शोक प्रेम या रण,
हँस ले काला पट ओढ़ मरण,
हँस ले जीवन के लघु-लघु क्षण,
देकर निज चुम्बन के मधुकण,
नाविक अतीत की उत्तराई!

मधुर माधवी संध्या में

मधुर माधवी संध्या मे जब रागारुण रवि होता अस्त,
विरल मृदल दलवाली डालों में उलझा समीर जब व्यस्त,

प्यार भरे श्मालम अम्बर में जब कोकिल की कूक अधीर
नृत्य शिथिल बिछली पड़ती है वहन कर रहा है उसे समीर

तब क्यों तू अपनी आँखों में जल भरकर उदास होता,
और चाहता इतना सूना-कोई भी न पास होता,

वंचित रे! यह किस अतीत की विकल कल्पना का परिणाम?
किसी नयन की नील दिशा में क्या कर चुका विश्राम?

क्या झंकृत हो जाते हैं उन स्मृति किरणों के टूटे तार?
सूने नभ में स्वर तरंग का फैलाकर मधु पारावार,

नक्षत्रों से जब प्रकाश की रश्मि खेलने आती हैं,
तब कमलों की-सी जब सन्ध्या क्यों उदास हो जाती है?

अंतरिक्ष में अभी सो रही है

अंतरिक्ष में अभी सो रही है उषा मधुबाला,
अरे खुली भी अभी नहीं तो प्राची की मधुशाला।

सोता तारक-किरन-पुलक रोमावली मलयज वात,
लेते अंगराई नीड़ों में अलस विहंग मृदु गात,
रजनि रानी की बिखरी है म्लान कुसुम की माला,
अरे भिखारी! तू चल पड़ता लेकर टुटा प्याला।

गूंज उठी तेरी पुकार- 'कुछ मुझको भी दे देना-
कन-कन बिखरा विभव दान कर अपना यश ले लेना'

दुख-सुख के दोनों डग भरता वहन कर रहा गात,
जीवन का दिन पथ चलने में कर देगा तू रात,

तू बढ़ जाता अरे अकिंचन,छोड़ करुण स्वर अपना,
सोने वाले जग कर देंखें अपने सुख का सपना।

शेरसिंह का शस्त्र समर्पण

"ले लो यह शस्त्र है
गौरव ग्रहण करने का रहा कर मैं--
अब तो ना लेश मात्र
लाल सिंह! जीवित कलुष पंचनद का
देख दिये देता है
सिंहों का समूह नख-दंत आज अपना"

"अरी, रण - रंगिनी!
कपिशा हुई थी लाल तेरा पानी पान कर

दुर्मद तुरंत धर्म दस्युओं की त्रासिनी--
निकल,चली जा त प्रतारणा के कर से"

"अरी वह तेरी रही अंतिम जलन क्या?
तोपें मुँह खोले खड़ी देखती थी तरस से
चिलियानवाला में
आज के पराजित तो विजयी थे कल ही,
उनके स्मर वीर कल में तु नाचती
लप-लप करती थी --जीभ जैसे यम की
उठी तू न लूट त्रास भय से प्रचार को,
दारुण निराशा भरी आँखों से देखकर
दृप्त अत्याचार को
एक पुत्र-वत्सला दुराशामयी विधवा
प्रकट पुकार उठी प्राण भरी पीड़ा से--
और भी;

जन्मभूमि, दलित विकल अपमान से
त्रस्त हो कराहती थी
कैसे फिर रुकती?"
"आज विजयी हों तुमऔर हैं पराजित हम
तुम तो कहोगे, इतिहास भी कहेगा यही,
किन्तु यह विजय प्रशंसा भरी मन की--एक छलना है.
वीर भूमि पंचनद वीरता से रिक्त नहीं.
काठ के हों गोले जहाँ
आटा बारूद हों;

और पीठ पर हों दुरंत दंशनो का तरस
छाती लड़ती हो भरी आग,बाहु बल से
उस युद्ध में तो बस मृत्यु ही विजय है.
सतलज के तटपर मृत्यु श्यामसिंह की--
देखी होगी तुमने भी वृद्ध वीर मूर्ति वह,
तोड़ा गया पुल प्रत्यावर्तन के पथ में
अपने प्रवंचको से
लिखता अदृष्ट था विधाता वाम कर से
छल में विलीन बल--बल में विषाद था --
विकल विलास का
यवनों के हाथों से स्वतंत्रता को छीन कर
खेलता था यौवन-विलासी मत्त पंचनद--
प्रणय-विहीन एक वासना की छाया में
फिर भी लड़े थे हम निज प्राण-पण से
कहेगी शतद्रु शत-संगरों की साक्षिणी,
सिक्ख थे सजीव--
स्वत्व-रक्षा में प्रबुद्ध थे
जीना जानते थे
मरने को मानते थे सिक्ख
किन्तु, आज उनका अतीत वीर-गाथा हुई--
जीत होती जिसकी
वही है आज हारा हुआ
"उर्जस्वित रक्त और उमंग भरा मन था
जिन युवकों के मणिबंधों में अबंध बल
इतना भरा था जो
उलटता शतध्वनियों को
गोले जिनके थे गेंद
अग्निमयी क्रीड़ा थी
रक्त की नदी में सिर ऊँचा छाती कर
तैरते थे
वीर पंचनद के सपूत मातृभूमि के
सो गए प्रतारना की थपकी लगी उन्हें
छल-बलिवेदी पर आज सब सो गए
पुतली प्रणयिनी का बाहुपाश खोलकर ,
दूध भरी दूध-सी दुलार भरी माँ गोद
सूनी कर सो गए
हुआ है सुना पंचनद
भिक्षा नहीं मांगता हूँ
आज इन प्राणों की
क्योंकि, प्राण जिसका आहार, वही इसकी
रखवाली आप करता है, महाकाल ही;
शेर पंचनद का प्रवीर रणजीतसिंह
आज मरता है देखो;

सो रहा पंचनद आज उसी शोक में.
यह तलवार लो
ले लो यह थाती है"

पेशोला की प्रतिध्वनि

१

अरुण करुण बिम्ब!
वह निर्धूम भस्म रहित ज्वलन पिंड!
विकल विवर्तनों से
विरल प्रवर्तनों में
श्रमित नमित सा-
पश्चिम के व्योम में है आज निरवलम्ब सा
आहुतियाँ विश्व की अजस्र से लुटाता रहा-
सतत सहस्र कर माला से-
तेज ओज बल जो व्दंयता कदम्ब-सा

२

पेशोला की उर्मियाँ हैं शांत,घनी छाया में-
तट तरु है चित्रित तरल चित्रसारी में
झोपड़े खड़े हैं बने शिल्प से विषाद के-
दग्ध अवसाद से
धूसर जलद खंड भटक पड़े हों-
जैसे विजन अनंत में
कालिमा बिखरती है संध्या के कलंक सी,
दुन्दभि-मृदंग-तूर्य शांत स्तब्ध, मौन हैं

३

फिर भी पुकार सी है गूँज रही व्योम में-
"कौन लेगा भार यह?
कौन विचलेगा नहीं?
दुर्बलता इस अस्थिमांस की -
ठोंक कर लोहे से, परख कर वज्र से,
प्रलयोल्का खंड के निकष पर कस कर
चूर्ण अस्थि पुंज सा हँसेगा अट्टहास कौन?
साधना पिशाचों की बिखर चूर-चूर होके
धूलि सी उड़ेगी किस व्दप्त फूत्कार से?

४

कौन लेगा भार यह?
जीवित है कौन?
साँस चलती है किसकी
कहता है कौन ऊँची छाती कर, मैं हूँ-
मैं हूँ- मेवाड़ में,

अरावली श्रृंग-सा समुन्नत सिर किसका?
बोलो कोई बोलो-अरे क्या तुम सब मृत हों?

५

आह, इस खेवा की!-
कौन थमता है पतवार ऐसे अंधर में
अंधकार-पारावार गहन नियति-सा-
उमड़ रहा है ज्योति-रेखा-हीन क्षुब्ध हो!
खींच ले चला है-
काल-धीवर अनंत में,
साँस सिफरि सी अटकी है किसी आशा में

६

आज भी पेशोला के-
तरल जल मंडलों में,
वही शब्द घूमता सा-
गूँजता विकल है
किन्तु वह ध्वनि कहाँ?
गौरव की काया पड़ी माया है प्रताप की
वही मेवाड़!
किन्तु आज प्रतिध्वनि कहाँ है?"

बीती विभावरी जाग री

बीती विभावरी जाग री!

अम्बर पनघट में डूबो रही
तारा-घट उषा नागरी।

खग-कुल कुल कुल-सा बोल रहा,
किसलय का अंचल डोल रहा,
लो यह लतिका भी भर लाई
मधु मुकुल नवल रस गागरी।

अधरों में राग अमन्द पिये,
अलकों में मलयज बन्द किये
तू अब तक सोई है आली।
आँखों मे भरे विहाग री!

Lector House believes that a society develops through a two-fold approach of continuous learning and adaptation, which is derived from the study of classic literary works spread across the historic timeline of literature records. Therefore, we aim at reviving, repairing and redeveloping all those inaccessible or damaged but historically as well as culturally important literature across subjects so that the future generations may have an opportunity to study and learn from past works to embark upon a journey of creating a better future.

This book is a result of an effort made by Lector House towards making a contribution to the preservation and repair of original ancient works which might hold historical significance to the approach of continuous learning across subjects.

HAPPY READING & LEARNING!

LECTOR HOUSE LLP
E-MAIL: lectorpublishing@gmail.com